Wilhelm Vollert

Die Lehre Gregors von Nyssa : vom Guten und Bösen und von der schliesslichen Überwindung des Bösen

Wilhelm Vollert

Die Lehre Gregors von Nyssa : vom Guten und Bösen und von der schliesslichen Überwindung des Bösen

ISBN/EAN: 9783743681057

Hergestellt in Europa, USA, Kanada, Australien, Japan

Cover: Foto ©Thomas Meinert / pixelio.de

Weitere Bücher finden Sie auf **www.hansebooks.com**

Die Lehre

Gregors von Nyssa

vom

Guten und Bösen

und von der schliesslichen Überwindung des Bösen.

Von

Lic. theol. Wilhelm Vollert,

Oberlehrer am Fürstlichen Gymnasium zu Gera.

⋅◅◇⋅◆⋅

Leipzig.
A. Deichert'sche Verlagsbuchhandlung Nachf.
(Georg Böhme).
1897.

Vorwort.

Mit der Entstehung und Ausbildung der ersten christlichen Dogmen werden theologische, kosmologische und anthropologische Probleme in besonderem Mafse Gegenstand der philosophischen Untersuchung. Das Zeitalter der Kirchenväter weifs für diese Aufgabe keinen geeigneteren Bundesgenossen als die erneuerte hellenische Philosophie. Ihre Wahrheiten gelten den christlichen Apologeten für direkte Einwirkung des λόγος σπερματικός. Die alexandrinische christliche Philosophie erörtert dem entsprechend das Verhältnis der christlichen Religion zur heidnischen Philosophie. Clemens von Alexandrien und Origenes sind die Vertreter einer christlichen Spekulation, die mit der Abweisung des vorwiegend auf hellenischem Grunde sich aufbauenden Gnostizismus die nicht häretischen Elemente desselben der Kirchenlehre einzugliedern suchen, in der Überzeugung, die πίστις müsse zur γνῶσις fortschreiten und dazu sei die hellenische Philosophie das geeignete Werkzeug. Stoizismus und Platonismus kommen von neuem zu hohen Ehren. In dem theologischen System des Origenes überwiegen philosophische Anschauungen so stark, dafs man statt von hellenisiertem Christentum von christlichem Hellenismus reden möchte. Dieses gewaltigen Denkers Schüler sind die beiden Brüder Gregor von Nyssa und Basilius der Grofse und der dritte der Kappadocier Gregor von Nazianz. Der weitaus fruchtbarste Denker unter den dreien dürfte der erstgenannte sein, insbesondere für das rein philosophische Gebiet. In der Mitte seines Interesses scheint mir eine Frage zu stehen, die vor ihm, so weit ich sehe, kein Philosoph der patristischen Zeit in dieser gründlichen und scharfsinnigen Weise behandelt hat: die Frage nach dem Wesen des Bösen, seinem Verhältnis zum Guten und seiner schliefslichen Überwindung. Indem Gregor besonders ethische Fragen zu beantworten sucht, macht er seine philosophischen Untersuchungen uns besonders lieb und wertvoll. Möchte es mir einigermafsen gelungen sein, seine auf diese Frage gerichteten Gedanken richtig wiedergegeben und gebührend gewürdigt zu haben!

Im ersten Teil meiner Abhandlung lasse ich Gregor selbst reden, im zweiten folgt eine kurze Beurteilung. Indem ich mich für die vorliegende Frage auf die Hauptwerke des Philosophen beschränkte, hoffte ich, die Einheitlichkeit der Gedankenreihen innerhalb der betreffenden Schrift besser zum Ausdruck zu bringen, da es mir so möglich war, öfter und gröfsere Passus aus derselben Schrift zu bringen. Die Aufgabe wurde durch die Beschränkung auf einige Werke eher schwerer als leichter. Selbstverständlich würde ich keine Schrift Gregors unberücksichtigt gelassen haben, in der sich Wesentliches für die zu behandelnde Frage finden könnte. Die zur Verwendung gekommenen Schriften sind: *Περὶ κατασκευῆς ἀνϑρώπου, περὶ παρϑενίας, εἰς τοὺς μακαρισμοὺς λόγοι ὀκτώ, εἰς τὴν προσευχὴν λόγοι πέντε, περὶ ψυχῆς καὶ ἀναστάσεως, λόγος κατηχητικὸς ὁ μέγας, περὶ τῆς ἁγίας τριάδος πρὸς Εὐστάϑιον.* Citiert wurde nach der Oehlerschen Ausgabe als der wohl gebräuchlichsten und handlichsten, nach Vergleichung mit der Morellusschen grofsen Ausgabe.

Schliefslich sage ich den Herren Geh. Hofrat Professor Dr. Eucken in Jena und Geh. Hofrat Professor Dr. Heinze in Leipzig herzlichsten Dank für die mannigfache Anregung und Förderung, die ich ihren Werken und persönlichem Gedankenaustausch verdanke.

Möchte das Büchlein freundliche Aufnahme finden und an seinem Teile etwas dazu beitragen, dafs das Interesse für die grofse Zeit der Kirchenväter recht lebendig werde, für jene Zeit, da Philosophie und Theologie Hand in Hand gingen, um die grofsen Offenbarungswahrheiten des Christentums wissenschaftlich zu erfassen und darzustellen!

Gera, im Mai 1897.

Wilhelm Vollert.

Einleitung.

Die Blütezeit des griechischen Geisteslebens ist die der unmittelbaren Hingebung des Subjekt ans Objekt. Als das Selbstbewußtsein die objektive Welt aufgab und sich auf sich selbst zurückzog, konnte die denkende Wissenschaft keinen festen Grund mehr in sich selbst finden (Periode der Skepsis). Geist und Natur fehlte die gegenseitige Einheit, das Göttliche erschien als ein unerreichbares Jenseitiges, man sehnte sich nach höherer Offenbarung. Aus dieser Quelle gingen ebensowohl die alexandrinische Religionsphilosophie als die ihr verwandten Richtungen hervor, die als Neupythagoreismus die Lösung des Problems versuchten und vorbereiten halfen, dessen Inhalt war: wie kann jenes jenseitige Göttliche erreicht werden? Das ist die Frage, die der Neuplatonismus zu beantworten gesucht, in systematischer, im Prinzip durchaus origineller Weise; was die Mittel anlangt: arbeitend mit Verwertung der Geistesprodukte der glänzendsten Heroen griechischen wissenschaftlichen Lebens — und doch erfolglos. Der gefürchtete Dualismus von Gott und Welt, Jenseits und Diesseits wird nicht überwunden, das philosophische Denken erlahmt, um nicht wieder zu erstarken. Die Einheit des Göttlichen und Menschen zum Ausgangspunkt einer neuen Weltanschauung zu machen war der Offenbarungsreligion, dem Christentum vorbehalten.

Die alexandrinische Philosophie versucht die Sätze der
griechischen Denker mit alttestamentlichen Sätzen zu ver-
einigen. Darin liegt zugleich der Grund, dafs eine systema-
tische Beweisführung fehlt oder doch nicht vollständig und
klar ist. Stoische und jüdisch-persische Vorstellungen mischen
sich, die Allegorie spielt eine ungebührlich grofse Rolle. Indes ist der Einflufs dieser Philosophie auf den Neupythagoreismus unverkennbar und also auch auf den Neuplatonismus. Die Betonung des Überweltlichen als Göttlichen, der
Glaube an unmittelbare Offenbarung, der strenge Monotheismus,
der rein ethische Charakter: das alles ist beiden Richtungen
gemeinsam. Philo, der Hauptrepräsentant, ist der erste, der
als letztes Ziel des menschlichen Strebens eine über alle Begriffe
hinausgehende Anschauung der Gottheit bezeichnet, der
Mittelwesen, Wirkungen und Eigenschaften der Gottheit konstatiert, die der Logos zusammenfafst, und also sowohl die neuplatonische Vereinigung der Seele mit dem Urwesen vorbereitet,
als auch einen mehr als rein geistigen Verkehr mit der Gottheit
fordert. Aber weder wird das Wesen der Materie untersucht,
noch werden die Mittelwesen über mystisch-phantastische Gestalten hinausgehoben, und also weder die Kluft zwischen
Geist und Natur, noch die zwischen Gott und Welt ausgefüllt.
Der Neuplatonismus geht ebenfalls aus der Sehnsucht nach
höherer Wahrheit hervor. Seine negative Voraussetzung ist
die Skepsis, seine positive die Stoa und der Neupythagoreismus,
im weiteren Sinne überhaupt alle griechischen religionsphilo-
sophischen Systeme. Mit dieser Unterscheidung sollen Neuplatonismus, Skepsis, Stoa nur äufserlich getrennt werden;
thatsächlich ist allen dreien nicht die denkende Erkenntnis
des Wirklichen, die objektive Welt das Höchste, sondern als
das höchste Intelligibele wird dasjenige angesehen, was der
Mensch als den unverkennbaren Grund seines Denkens voraus-
setzt. So trägt diese ganze Periode den Charakter der Sub-
jektivität; die geistige Selbstanschauung steht im Mittelpunkt,
des Menschen religiöser Gemütszustand soll zur Vereinigung
mit Gott gelangen, mit dem Gott, der in noch nie dagewesener
Weise über den Bereich des vernünftigen Denkens hinaus-

gehoben ist. Er ist aufser allem Endlichen und alles Endliche stammt aus ihm. Das ist der Grundgedanke des Neuplatonismus, hieraus folgt seine Weltbetrachtung, seine Theorie
von der Ekstase, den Emanationen als zwischenstufigen gegenseitigen Mitteilungen des Menschen an die absolute Einigung
mit dem Urwesen und umgekehrt, seine Metaphysik und im
Zusammenhang damit seine Physik und Ethik. Die religiösen
Fragen stehen ausschliefslich im Vordergrund, naturwissen-
schaftliche und politische treten ganz zurück. Und auch die
Physik wird anders gestaltet. Der Zusammenhang der Dinge
wird psychisch erklärt, an die Stelle physikalischer Forschung
treten subjektive Teleologieen. Hier sieht man den Geist der
Stoa von mächtigem Einflufs auf die Neuplatoniker. Die ganze
Untersuchungsweise ist stoisch, wie ihre Metaphysik zeigt.
durchweg die Physik und Ethik (teleologische Weltbetrachtung,
der Vorsehungsglaube). Auch die Art, wie bestimmte Autori-
täten geltend gemacht werden, um die und jene Wahrheit zu
verbürgen, ist beiden Richtungen gemeinsam. Was der Stoa
Heraklit, ist dem Neuplatonismus Plato. Aber mit welchem
Rechte? Der Neuplatonismus führt, trotzdem er mit Stoa und
gleichzeitiger und späterer alexandrinischen Religionsphilosophie
in so vielen Stücken sich berührt, seinen Namen doch mit
Recht. Wohl will er frühere Prinzipien griechischer Denker
für seine Zeit fruchtbar machen — jene alle haben die wahre
Philosophie gehabt —. aber die untrügliche Wahrheit gibt
nur der Platonismus. Dem Hauptvertreter des Neuplatonismus, Plotin, vielleicht dem gröfsten Systematiker nach
Aristoteles, ist ein Abweichen von des Meisters Plato Lehre
undenkbar („φησίν" sagt der Stoiker von Heraklit, sagt der
Neuplatoniker von Plato). Die platonische Ideenlehre, seine
Anschauung von der Weltseele, von der Materie wird acceptiert,
aber durch die oben erwähnten Züge (Übervernünftigkeit des
Urwesens und Gleichstellung der Materie mit dem Bösen) er-
weitert. Auch die Forderung der Flucht aus der Sinnlichkeit
ist platonisch, doch neupythagoreisiert. In der Methode der
Beweisführung ist Aristoteles mafsgebend. Auch die oben erwähnte Emanationstheorie ist nicht als orientalisch-gnostische

anzusehen, sondern als platonisch-pythagoreische Anschauung.
Schon Irenäus (adv. haeres. II 6) und Hyppolyt (ἐποφ. VI
29. 87) sind bei Behandlung des valentinianischen Systems
dieser Ansicht.

Aus dieser ganzen Darstellung erhellt, daß eine eigentliche Verwandtschaft mit dem Christentum bei keiner dieser
seit Verbreitung desselben entstandenen Richtungen nachweis-
bar ist. Die christliche alexandrinische Religionsphilosophie
eines Clemens und Origenes hat nie in die griechische Wissenschaft eingegriffen, das christliche überwiegt das griechische
Element weit. Ihr handelt es sich nicht um mystische Betrachtung der Weltgesetze, sondern um geschichtliche Personen
und Thatsachen äußerer und innerer Erfahrung. Dort das
vergebliche sich Quälen, den Menschen zum Urwesen hinauf-
zuheben, hier die große Wahrheit: Gott ist Mensch geworden,
er hat sich im Sohne geoffenbart, derselbe hat alle Stufen
der Erniedrigung vor Menschenaugen sichtbar durchschritten,
und so es möglich gemacht, den Menschen nach sich empor-
zuziehen; dort religiöse Spekulation, hier Anknüpfung an alt-
testamentliche Offenbarungswahrheit eines Geschichtsganzen.
Hier wie dort wird der Abstand von der Gottheit gefühlt,
werden die Mängel des irdischen Daseins empfunden, wird die
Versöhnung durch göttliche Hilfe gesucht, aber in der außer-
christlichen Philosophie vergeblich. Man erkannte das Wesen
der Gottheit nicht, denn sie mußte sich offenbaren, man kannte
das Wesen des Menschen nicht, denn man übersah den Faktor,
der allein den unüberwindbaren Dualismus zwischen Gott und,
Mensch, zwischen Geist und Natur erklärt, die Sünde, und
konnte daher die Versöhnung nur in äußerlicher Ertötung
der Sinnlichkeit suchen. Will man das philosophische Geistesleben des 2., 3., 4. und 5. Jahrhunderts n. Chr. recht verstehen,
so braucht man nur die Lehre eines christlichen und nicht-
christlichen Denkers dieser Zeit von der Sünde oder objektiv
ausgedrückt, vom Bösen zu betrachten; oder aber: man sucht
die Anschauungen eines christlichen Philosophen von dem Bösen
und Guten und der einstigen Überwindung des Bösen zu gewinnen, und verfolgt bei dieser Untersuchung mit aufmerk-

samem Auge, welchen Einflufs gleichzeitige neuplatonische, neupythagoreische und stoische Anschauungen hier noch ausüben — denn um diese wird es sich in erster Linie handeln — wieweit das spezifisch Christliche sich selbst behauptet, ob und inwieweit Bezüge zu älteren Philosophen sich nachweisen lassen, und wieweit, wenn wir das alles zusammenfassen, das Gesamtergebnis, das der christliche Denker uns liefert, ein dem Problem entsprechend befriedigendes ist. Diesen Weg hat die folgende Untersuchung gewählt.

Suchen wir zuvor einen kurzen Einblick in die griechische Anschauungsweise vom Guten und Bösen zu thun, so ist die alte Weisheit der homerischen Zeit die: um von der Sünde frei zu werden, soll der Mensch ihre schlimme Folge, die Strafe, sich zur Warnung dienen lassen, zu besserem Verstand kommen, denn die Sünde ist Bethörung des Verstandes. Diese einseitige Betonung des Intellekts zieht sich nun durch die ganze griechische Ethik. Sokrates betont: der Mensch ist Vernunftwesen und als solches an die Vernunft gewiesen. Die Tugend ist Wissen, das Wissen also zugleich das Können. Wer Böses thut, weifs nicht, dafs es böse sei. So wird mit der Anschauung von der Sünde als Bethörung, von der Tugend als richtiger Einsicht das Verhältnis des Denkens zum Wollen, des Intellekts zu den sittlichen Mächten im menschlichen Gemüt falsch bestimmt und der einseitige Intellektualismus zum Prinzip erhoben. Die Wirkungen dieser Betrachtungsweise zeigen sich in der ganzen antiken Moralphilosophie, nicht am wenigsten bei Aristoteles; sie kehrt zuletzt in der Ethik der griechischen Kirche, in ihrer einseitigen Betonung der γνῶσις wieder. — Die weitere Bestimmung lautet seit Plato: durch Tugend und Einsicht wird man der Gottheit ähnlich, die Tugend ist das Mittel zur Glückseligkeit, zur Erlangung des höchsten Gutes. Bedingung ist: Lösung von dem Sitz des Schlechten, d. h. vom Körper. Ist das Wissen Tugend, so ist der Philosoph der Tugendhafte und seine Moral ist höher als die der Nichtwissenden. Daraus folgte die einseitige Gleichsetzung von Geistigkeit = Sittlichkeit und Entsinnlichung = Versittlichung als Konsequenz jenes intellektualistischen Grundprinzips, und die für die Kirche so verhängnisvolle Lehre von der höheren und niederen Moral, welche die platonische falsche Voraussetzung hatte: das Materielle, Körperliche ist das Böse, das Geistige das Gute. Aber bei der christlichen Gegensetzung von Geist und Fleisch handelt es sich um sittliche Realitäten und nicht um den äufserlichen falschen Gegensatz von Wissen und sinnlicher Materie. — Aristoteles sucht das diesseitige Leben vernunftgemäfs zu gestalten, aber die teleologische Beziehung zu einem Transscendenten ist ihm fremd; sein Ideal des μεγαλόψυχος ist das gerade Gegenteil des christlichen der Selbstverleugnung; die im Mafs der Sittlichkeit und Tugend in sich vollendete Geschlossenheit des sich in seinem eigenen Werte fühlenden Menschen verkennt die sittliche Persönlichkeit des Menschen, die in der Erkenntnis der eigenen Ohnmacht gegenüber Gott ihren Standpunkt nimmt; die Unterscheidung der Tugenden und die Voranstellung der dianoetischen entspricht seiner Ansicht von der Zusammensetzung des Menschen aus Vernunft und Natur: da Gott selbst νοῦς ist, ist auch beim Menschen der νοῦς das Höchste. Damit wird wiederum der Intellekt, die γνῶσις einseitig betont und mit der Übersehung des Willens die Prinzipalität der Gesinnung verkannt, d. h. die der sittlichen Persönlichkeit des Menschen überhaupt. — Auch die stoische Ethik geht von der Frage nach dem höchsten Gut oder der Glückseligkeit aus. Der Gegensatz von Gut und Böse wird als ein absoluter konstatiert, und es wird ihm eine Beziehung zu einem Transscendenten gegeben; also nicht mehr blofs ein relativer Unterschied, nicht mehr blofs Bezugnahme auf die Welt der Natur! Aber der persönliche Gott, die Norm alles Guten, fehlt, und das stolze Selbstgefühl des „Weisen" ist der wahrhaften Menschenliebe unfähig. Das vernunftgemäfse d. i. tugendhafte Handeln fordert Überwindung der Affekte, die durch falsche Vorstellungen über Gut und Böse entstehen, im Widerspruch zur rechten Einsicht. Demgegenüber ist die Apathie die richtige Stimmung, d. h. die Tugend ist etwas rein Negatives und beruht doch auf praktischem Wissen. Auch in Bezug auf die Sittlichkeit geht die Stoa nicht von der Ansicht von der höheren und niederen Sittlich-

keit ab, nur dafs sie nicht von dianoetischen und ethischen
Tugenden redet, sondern Vollkommenes und Geziemendes unter-
scheidet. — Die Popularphilosophie Senecas, um nur einen Vertreter zu nennen, machte diese Denkweise zu der der ernster
Gesinnten: die Vernunft macht den Menschen zum Menschen,
die Glückseligkeit besteht in der Vollkommenheit der Vernunft
(Ep. 92, 9: in hoc uno positam esse beatam vitam, ut in nobis
ratio perfecta sit), und Marc Aurel ist der Gott in uns νοῦς
oder λόγος; ἕπεσθαι τῷ ὀρθῷ λόγῳ d. i. Θεῷ ist der Weg, um
das Rechte zu thun. So verschiedenen Anschauungen die
Philosophie der Skepsis, der Popularphilosophie, der asketischen
Mystik huldigt im Unterschied von der antiken Philosophie:
so ist die Geringschätzung des Äufseren und Sinnlichen und
die Gegensetzung des Geistes gegen die Natur nicht blofs dieselbe Grundanschauung wie früher, sondern jetzt fafst man den
Dualismus beider so, dafs man unter Sittlichkeit Verneinung
der Natur versteht, die Sinnlichkeit gilt als die Quelle alles
Bösen und nicht mehr als das Gute, der Leib als der Kerker
der Seele und nicht mehr als die Spitze der Natur. So stark
sich bei dieser Überspannung der Gegensätze alter Denkungs-
weise orientalische Einflüsse geltend gemacht haben mögen:
jedenfalls liegt sie auf der Bahn der einseitigen intellektualistischen Grundrichtung der althellenischen Philosophie. Die
asketische Mystik, wie wir diese letzte Periode der griechischen
Philosophie charakterisierten, verheifst mehr, als die früheren
Denker zu erreichen hofften: nicht blofs platonische Gottähn-
lichkeit des Menschen, sondern Gotteinheit. Der Neupythagoreismus ist religiöse Philosophie: Reinheit der Seele von
irdischer Befleckung ist die Bedingung für die Gotteserkenntnis.
Darum sind Gott und Welt, Geist und Materie, Übersinnliches
und Sinnliches unversöhnliche Gegensätze: Gut und Böse werden
unter diesen Gegensätzen dargestellt. Die höchste Ausbildung
dieser Gedanken vollzieht der Neuplatonismus. Seine asketische
Mystik, wie sie in der Lehre von der Ekstase ihren Gipfel-
punkt erreicht, stellt eine transscendente Geistigkeit, einen
einseitigen Intellektualismus, eine Überspannung eines nach
christlichen Begriffen nicht vorhandenen Dualismus zwischen

Geist und Materie, Sittlichkeit und Sinnlichkeit dar, daſs sie als
die äuſserste, auf die Spitze getriebene Konsequenz des alt-
griechischen Intellektualismus erscheinen muſs. Aber aller-
dings, wie schon gesagt, als seine Konsequenz! Sokrates' Be-
griffstheorie, Platos transscendente Idee, Aristoteles' dianoe-
tische Tugendlehre, der Stoa Idealbild eines Weisen und die
cynische Verachtung des Materiellen: sie alle setzen die
Natur = dem Nichtsittlichen, den Geist = dem Sittlichen. Somit fehlt ihnen der Begriff Persönlichkeit, fehlt die Bedeutung
des Willens, fehlen ihnen diejenigen Tugenden, die in der
Selbstverleugnung wurzeln, fehlt ihnen die Grunderkenntnis,
daſs das Böse nicht in der Materie liegt, sondern im Herzen
des Menschen, daſs es kein Irren, der Gegensatz der rechten
Erkenntnis etwa sei, sondern schlechtes Wollen ist, daſs es
nicht im naturhaften Gegensatz zum Guten besteht, weil es
in der Materie, jenes im Geiste wurzele, sondern daſs es durch
Natur und Geist zusammen überwunden wird, wenn der Mensch
anderen Sinnes wird, sich bekehrt zu Gott, durch dessen Gnaden-
wirkung allein. Nicht von der Sinnlichkeit soll der Mensch
loskommen, sondern vom Bösen, d. h. seine Herzensgesinnung,
sein Wille, seine Grundrichtung muſs zu Gott hingelenkt
werden, dann wird auch die Sinnlichkeit geheiligt. So löst
das Christentum auch das andere Problem: des Verhältnisses
von Gott und Welt. Gerade von der Erkenntnis der abso-
luten, sittlichen Persönlichkeit Gottes aus, von jener Wahrheit des Judentums selbst durchdrungen, hütet sich die christliche Denkweise, ihn einseitig transscendental zu fassen wie
das pharisäische, in sich erstarrende Judentum, oder wie der
philonische Alexandrinismus, auf emanatistischen Theorien eine
Verbindung zwischen Gott und Welt zu versuchen. Das kos-
mische Sein wird nicht verneint, als ob es böse sei, sondern
es soll erneuert werden, weil es vom Bösen beherrscht wird.
Diese Erneuerung des einzelnen und des Gesamtkosmos aber
ist möglich, weil Gott sich in Christo, seinem Sohne, dem
Weltversöhner geoffenbart hat. Er hat uns gezeigt, was gut,
göttlich, sittlich, was böse, sündhaft, unsittlich sei, seine Person
bedeutet seine Lehre. — Sehen wir nunmehr, wieweit Gregor

von Nyssa, der, wie kaum ein anderer, typisch geworden ist für
die altchristliche Philosophie des 4. Jahrhunderts n. Chr., die
christlichen Begriffe von Gut und Böse sich zu eigen gemacht
hat oder wieweit er noch althellenischem Intellektualismus
und asketischem Dualismus huldigt. Ich glaube, daſs Gregor
von Nyssa gerade, der gröſsten christlichen Philosophen einer,
jedenfalls der originellste dieser Zeit und in manchen Punkten
Origenes und Augustin völlig ebenbürtig, durch seine Schriften
ein Bild zu machen im stande ist von dem Geistesleben des
für die Kirche wie für die ganze Welt so entscheidenden
4. Jahrhunderts. Seine tiefinnerliche Erfassung der christlichen
Offenbarungswahrheit, seine auſserordentliche Konzeptionskraft,
seine eminente Belesenheit und Bekanntschaft in den antiken
Werken der Blütezeit griechischen Geistes, seine oft klassisch
schöne Sprache machen ihn uns ebenso lieb als wert. Vor
allem leuchtet uns ein sittlicher Ernst der Gesinnung, eine
Hoheit der Auffassung und der durchaus ideale Zug seiner Auffassung des Gesamtlebens aus seinen Schriften entgegen, nirgends
edler und heller als in seiner Lehre vom Guten und vom
Bösen und der dereinstigen Überwindung des Bösen. Dieselbe ist der Gegenstand der folgenden Untersuchung.

Erster Teil

Gregors Lehre vom Guten und Bösen.

I. Gregors Lehre vom Guten.

Das Gute, definiert Gregor, ist dasjenige, wonach man nicht um eines andern willen greift, sondern was um seiner selbst willen erstrebt wird, was immer sich gleich bleibt und niemals durch Sättigung seinen Reiz verliert (μακ. 790). Gut ist — heißt es περὶ κατασκ. ἀνθ. 72 — alles was zu dem ursprünglich Guten im Verhältnis der Übereinstimmung steht, „was unsere sinnlichen Empfindungen nicht berührt" λόγ. κατ. 63, „was nicht angenehm für die Empfindung erscheint, sondern was geistig betrachtet und begriffen wird περὶ ψυχ. κ. ἀναστ. 218". Das Gute rein und unvermischt und ohne Beisatz des Bösen zu pflücken: das ist nichts anderes als allein mit Gott zu sein περὶ παρθ. 152. Ihm kommt einzig und allein der Begriff „Gut" zu, ja, nur mit dieser Bezeichnung kann Gottes Wesen umfassend charakterisiert werden. Nennt man ihn Licht oder Leben oder Unvergänglichkeit und wie sonst, so ist immer der Begriff „Gut" damit verbunden μακ. 819; mit dem Guten sind Unvergänglichkeit, Leben, Ehre, Gnade, Ruhm, Kraft und was sonst derartiges wir an Gott selbst und so auch an seinem Ebenbilde, welches die menschliche Natur ist, zu erkennen glauben, gegeben ψυχ. κ. ἀναστ. 260, μακ. 819. Frieden und Gerechtig-

keit und das ganze Gefolge des Guten *μακ.* 803. Benennungen
wie „weise, mächtig, gerecht" sind im Begriff „gut" mitent-
halten *πρὸς Εὐστάϑ.* 9. An dem wahrhaft Guten nimmt man
eben alles wahr, was man unter „gut" versteht; im übrigen
ist kein Gleichnis noch Beispiel im stande, diese „die Himmel
bedeckende Vollkommenheit" vorzustellen *μακ.* 799; die Natur
des höchsten Gutes ist von keiner Farbe, Gestalt, Gröfse,
Schönheit, vielmehr unsichtbar, gestaltlos, jeder Gröfse fremd
und von allem Körperlichen und sinnlich Wahrnehmbaren fern
abliegend *παρϑ.* 142. Daher ist das Gute geradezu *ἄφραστον*
κ. ἀνεκφώνητον μακ. 821 und kann auf keine Weise sinnlich
empfunden werden, ja, nicht durch Beschreibung veranschau-
licht werden. Wie verkehrt ist also das Urteil der Menge,
welche das Gute sucht in dem was die Sinne erfreut *κατασκ.*
ἀνϑ. 98, oder das zum Los des Guten rechnet, was nur irgend
angenehm für die Empfindung erscheint, statt das Gute geistig
zu betrachten und zu begreifen! *ψυχ. κ. ἀναστ.* 218. Es gibt
keinen gröfseren Wahn, als ob es kein anderes Gut gäbe als
das, was uns durch die Liebe aus dem Fleisch zu teil wird
παρϑ. 138 und man den Geist gänzlich von der Begierde nach
den körperlosen Gütern abziehen müsse. Soll die Seele frei
zur göttlichen Lust aufblicken, so mufs die Kraft ihrer Liebe
von dem Körperlichen auf die geistige und immateriale Betrachtung des Guten übertragen werden ib. 133. *Τὸ ἄϋλον*
ἀγαϑόν! ψυχ. κ. ἀναστ. 224. das eigentlich Seiende ist die Natur
des Guten *ψυχ. κ. ἀναστ.* 223, also nimmermehr — bei dem Begriffe Gregors von der Materie — das materielle. Was dem
Guten gleicht, ist ohne Zweifel gut *μακ.* 816, oder, negativ
ausgedrückt, was dem Gebiet des Bösen, womit stets die
Schmach verbunden ist, fern liegt *λόγ. κατ.* 65. Das Wesen
der guten, göttlichen Natur ist Liebe, und mithin mufs das
höchste Gut als liebenswert erkannt werden. Darin zeigt der
Mensch, ob er des höchsten Gutes wahrhaft gutes Abbild ist,
ob er Liebe zum Guten zeigt schon von Natur aus und un-
empfänglich für das Schlechte ist. So wenig wie das wahrhaft Gute ein Ende seiner Liebeskraft und -thätigkeit erreicht,
so wenig kann verhindert werden, dafs eine solche Seele not-

wendig zur Gottheit, der sie verwandt ist, hingezogen wird;
Liebe findet nur mit dem Ende des Guten ihr Ende, und
dieses wiederum besteht in dem keine Sättigung findenden
Wohlleben. mit dem endlose Freude verbunden ist $\psi\upsilon\chi$. $\varkappa$.
$\dot{\alpha}\nu\alpha\sigma\tau$. 225. $\varkappa\alpha\tau\alpha\sigma\varkappa$. $\dot{\alpha}\nu\vartheta$. 96. $\mu\alpha\varkappa$. 798. Salomo und David
sahen das Allgut in dem gestatteten Wohlleben, in dem „Lust
haben am Herrn" und „essen vom Baum des Lebens" $\varkappa\alpha\tau\alpha\sigma\varkappa$.
$\dot{\alpha}\nu\vartheta$. 96. Gottes jeden Begriff des Guten überragende Natur
bedarf nichts von dem, was man sich mit dem Guten verbunden
denkt, und ist selbst die Fülle und Natur alles Guten $\psi\upsilon\chi$.
$\varkappa$. $\dot{\alpha}\nu\alpha\sigma\tau$. 223, sie liegt so jenseit alles Guten, dafs sie in sich
selbst genug hat und nichts von aufsen in sich aufzunehmen
braucht, sie ist in sich genug und schrankenlos. Ist Gott so
die Fülle aller Güter und ist die menschliche Natur das Abbild von ihm, so beruht natürlich die Ähnlichkeit des Abbildes
mit seinem Urbilde auf dem Vollbesitz jeglichen Gutes. So-
nach liegt in uns die Idee alles Guten und Schönen, alle
Tugend und Weisheit und was der Gedanke nur Treffliches
findet $\varkappa\alpha\tau\alpha\sigma\varkappa$. $\dot{\alpha}\nu\vartheta$. 87; die Seelen sind gleichsam Gefäfse und
Behältnisse, ein Raum, das Gute aufzunehmen, der durch den
Zuwachs des Hineingegossenen immer gröfser wird. Denn das
ist der göttlichen Güte eigen, dafs sie unaufhörlich Kraft und
Gröfse verleiht und damit zugleich den von ihr Genährten
wachsen läfst, dafs er immer fähiger wird, das Gute in sich
aufzunehmen, bis eine alles Wachstums Grenze überragende
Gröfse erreicht wird $\psi\upsilon\chi$. $\varkappa$. $\dot{\alpha}\nu\alpha\sigma\tau$. 230. Findet also die Um-
wandlung und Fortbildung zum Besseren stetig statt $\lambda\dot{o}\gamma$.
$\varkappa\alpha\tau$. 63 und hat die dem Guten zugerichtete Fortentwickelung
keinen Stillstand, weil kein Ende von dem gedacht werden
kann, dem man folgt $\lambda\dot{o}\gamma$. $\varkappa\alpha\tau$. 77, so kommt das — wie schon
oben gesagt wurde — daher, dafs das Gute keine Grenze
kennt $\psi\upsilon\chi$. $\varkappa$. $\dot{\alpha}\nu\alpha\sigma\tau$. 225.

Niemand aber kann das Gute erlangen, aufser wenn
er sich selbst das Gute spendet, d. i. wie aus einer Vorrats-
kammer das Gute aus der eigenen Natur hervorholt $\mu\alpha\varkappa$. 804.
Denn das Gut Gottes ist von unserer Natur nicht abgetrennt
und nicht sehr weit von denen, welche es zu suchen den

Willen haben, es liegt vielmehr in einem jeden, unerkannt
und versteckt παϑ. 149, so daſs die menschliche Natur von
selbst dem Guten zuneigt μακ. 801. Ja, es ist gar keine Mühe
dabei, das Gute zu wollen, nur wollen muſs der Mensch,
wünschen da zu sein, wohin ihn sein natürliches Verlangen zieht
εἰς τὴν πϑοϭευχ. 729. Das Wort Wille umfaſst alle Tugenden,
in ihm liegt der Reihe nach alles, was man unter gut versteht ib. 743. Da unsere Natur, weil sie sich arm am Guten
fühlt, stets einen Hang nach dem, was ihr fehlt, fühlt —
anderseits der Wandel in der Höhe seine Stütze in dem guten
Willen Gottes hat ib. 744. ist es einzig Sache des von der
Vernunft richtig geleiteten Willens, das Gute zu thun und
ganz in sich aufzunehmen. In der Anlage des Menschen läſst
sich gewiſs nichts entdecken, was dem Begriff und Wesen des
Guten entgegenträte. Denn weder die Vernunft, noch der Verstand, noch die Fähigkeit zu Wissenschaft und Kunst, noch
sonst etwas dem menschlichen Wesen Eigentümliches dieser
Art steht dem Begriff des Guten entgegen λόγ. κατ. 70. denn
alles in der Welt ist gut, weise und kunstvoll eingerichtet
da sie das Werk des Wortes ist, welches das Gute will und
kann ib. 47. Keine Kreatur Gottes ist verworfen, sondern
alles, was Gott geschaffen, war sehr gut παϑ. 148. so daſs
auch, was in der Einrichtung des Körpers zur Begründung
und Hervorbringung des Lebens dient, nicht den Vorwurf des
Unwerts und Bösen verdient λόγ. κατ. 88, vielmehr ist jeder
Mensch, in dem nicht die Schönheit des Bildes Gottes durch
seine freie Hinneigung zum Bösen getrübt worden ist, eine klare
Bestätigung der Wahrheit, daſs derselbe eine Nachahmung
Gottes ist κατασκ. ἀνϑρ. 94. er das Bild des Königs noch trage
παϑ. 150. Dem in ihn gelegten νοῦς nun steht es zu, zu
entscheiden, ob er das wahrhaft Gute oder das Entgegengesetzte wählen will λόγ. κατ. 78. Gregor vergleicht die Aufgabe des νοῦς mit der des Wagenlenkers, der seine Pferde
nach ihrer Eigenart behandeln muſs παϑ. 172. ψυχ. κ. ἀναστ.
207, oder mit der eines οἰκονόμος, der jedes Gerät und Werkzeug im Hause passend zu verwerten versteht παϑ. 162.
Mit der Öllampe der Vernunft muſs der Mensch den ver-

lorenen Groschen suchen ib. 150. Er ist göttlichen Ursprungs
κατασκ. ἀνϑ. 54 und die genaueste Ähnlichkeit mit dem All-
erhabenen ib. 67. Der selbständige Wille des Menschen ent-
schliefst sich zu dem, was ihm gut zu sein scheint, je nachdem der νοῦς ihn lenkt ib. 87. Er ist in den sinnlichen Kräften
verteilt und sammelt durch eine jede in entsprechender Weise
die Kenntnis der Dinge, so bringt er z. B. die Sprache nach
Art einer Musik hervor ib. 66. 64. Er ist es auch, der im
Gegensatz zu allem Zwang, den Menschen von selbst das
Wesen des Guten zu erkennen anleiten mufs. Die edelste
Gabe ist die der Unabhängigkeit und Willensfreiheit, denn
aller Zwang bringt das Abbild in Widerspruch mit seinem Urbild, dessen Wesen Willensfreiheit ist λόγ. κατ. 53. Darum
gilt es zu verhüten, dafs sich irgend welche Macht unseres
freien Willens bemächtigt und so in Abhängigkeit bringt. Das
geschieht aber, sobald der λόγος, der νοῦς fehlt oder getrübt
wird. Τί ἐλεεινότερον, ruft Gregor aus, τῆς τοῦ λόγου στερήσεως;
μακ. 786; kein gröfser Unglück, als wenn die κατανόησις τῆς
τοῦ λόγου χάριτος fehlt. Freilich mufs der λογισμός ἐκ τῆς
ἀνϑρωπίνης ἀπάτης κεκαϑαρμένος sein, um erfolgreich das ver-
derbliche πάϑος abwehren zu können (ἀπωϑεῖν) μακ. 778. 777.
Dieses letztere hat seinen Sitz in der Materie. Ergibt sich auch
von hieraus der Satz τὸ ἄϋλον ἀγαϑόν!, so kommt es doch nur
wenigstens darauf an, dafs das richtige Verhältnis zwischen
νοῦς und ὕλη eingehalten wird. Gleichwie ein Spiegel durch
das Bild des in ihm Erscheinenden Gestalt gewinnt, in gleichem
Verhältnis steht auch die ihrer Leitung und Regierung unter-
gebene Natur zu der Vernunft und gewinnt durch ihre Schönheit und Vollkommenheit auch die eigene, indem sie gleichsam ein Spiegel vom Spiegel wird und von ihr die Materie
unserer Persönlichkeit beherrscht wird. So lange nun das
eine das andere durchdringt, trägt das Ganze den Schmuck
der göttlichen Allerhabenheit, denn der Geist ist es, der den
Schmuck der Ähnlichkeit mit seinem Urbild an sich trägt;
tritt dagegen das Erhabene in untergeordnetes Verhältnis zu
dem Niedrigeren, so geht das Unschöne der Materie durch die
Natur auf den Geist selbst über, so dafs die Ähnlichkeit mit

Gott nicht mehr zu sehen ist κατασχ. ἀνθ. 71. 72. Ist doch
alles Unglück, alle Störung der Harmonie des schön geord-
neten Weltganzen dadurch gekommen, dafs der Mensch, statt
sich durch die Denkkraft die Teilnehmerschaft am Guten zu
erwirken, sie statt dessen zur Erfindung böser Gedanken ge-
brauchte λόγ. κατ. 56, dafs seinem Willen die Bosheit beigemischt wurde ib. 57, so dafs der Mensch gleichsam am geistigen
Auge beschädigt, unter dem Eindruck die Wahrheit ver-
dunkelnder Einflüsse des Feindes, die Nacht des Truges nicht
sieht, in die er fällt, sobald er sich von Gott entfernt und
sich unter die Zwingherrschaft der Schlechtigkeit begibt ψυχ.
χ. ἀναστ. 238, παρθ. 125. Richtige Erkenntnis und nüchternes
Urteil mufs den Menschen das Leben weise einrichten helfen,
dafs er nicht das Gute im voraus durch materielles Leben
verprasse, sondern für die folgende Ewigkeit etwas davon
zurücklege ψυχ. χ. ἀναστ. 218. Freilich ist derartig entsagungs-
reiches Leben für die sinnliche Empfindung schmerzlich ib.,
aber mit dem Genufs des Guten, wodurch die Seele rein und
leidenschaftslos wird, zieht die unbeschreibliche Glückseligkeit,
welche das Merkmal wahrer Vollkommenheit ist, in sie, so
dafs die Erinnerung an alles andere schwindet κατασχ. ἀνθ. 53.
Dann schaut der Mensch in seiner eigenen Schönheit das Abbild der göttlichen Natur μακ. 815, wenn er sein Herz von
allem Bösen und aller Leidenschaft gereinigt hat, denn alles,
was von Natur und durch Willen dem Guten sich zuneigt,
das strahlt in der Schöne der Reinheit und Unverderbtheit
παρθ. 114.

Schön und gut sind unzertrennliche Begriffe ib. 150.
Jeder, auch der Blindeste, ist sich bewufst, dafs das erste und
alleinige Schöne und Gute der Gott aller Dinge ist παρθ. 147;
alles was sonst schön genannt mag werden, verhält sich zu
jener Schönheit, welche das über alles Gute hinausragende
höchste Gut begleitet, höchstens wie ein Fünkchen zum Sonnen-
glanz ib. 141. 142. Wie beim höchsten Gut beides, Schönheit
und Reinheit mit dem Guten verbunden sind, so ist's überhaupt Charakteristikum des Guten, in der Reinheit seiner
Schönheit zu strahlen ib. 114. Wer Gott nachahmt, hat die

selige Schönheit angezogen *μαx.* 765. 767; schon die Willens-
bewegung zum Guten prägt der Seele eine heitere, hellglänzende
Spur ein *ψυχ. x. ἀναστ.* 223. Was wird die Seele erst für eine
Schönheit zeigen, wenn sie das Gut schaut, was seine Schönheit nicht wo anders her entlehnt hat, noch zeitweilig allein
oder nur in Bezug auf irgend einen Gegenstand ein solches
ist, sondern was aus sich selbst und durch sich selbst und in
sich selbst ein solch Schönes ist und was, über allen Wechsel
erhaben, sich stets gleichmäfsig verhält *παρϑ.* 146. Glückselig die, bei welchen gleich bei ihrem Emporkeimen zur Auf-
erstehungszeit die vollendete Ährenschönheit aufspriefst *ψυχ.
x. ἀναστ.* 259. Reinheit des Lebens macht eine Vermischung
mit dem über dem All erhabenen Wesen möglich *μαx.* 817,
und der Seligkeit, dem unnennbaren und unbegreiflichen Gut,
der unbeschreiblichen Schönheit, ist der Zugang zur Seele ge-
öffnet. So wenig wie das des Guten Ermangelnde vollkommen
genannt werden kann *λόγ. xατ.* 76, so wenig kann die Materie
ohne die geistige Schönheit schön genannt werden, ist sie
doch nur die Unterlage für jene *παρϑ.* 144 und zeigt ihre
ganze Unschönheit, sobald der Geist ihr untergeordnet worden
ist *xαταστ. ἀνϑ.* 71. 72. Wer der einfachen und immate-
rialen und gestaltlosen Natur des Schönen nachforschen will,
der mufs seinen Geist vor Zersplitterung hüten, die durch die
Sinnenlust bewirkt wird, und sich über alles, was die Begierde
der Menschen an sich lockt, weil es für schön und darum für
erstrebenswert gehalten wird, hinwegsetzen und durch die
überall sich findende Schönheit auf die Schönheit hinführen
lassen, von der alle Himmel erzählen *παρϑ.* 144. 145. Ein zer-
splitterter Geist hat keine Kraft zur Wanderung nach dem
wahrhaften Gut, auszuhalten auf dem schweren Pfad der
Tugend ib. 135.

Die Eigenschaften des Guten, dafs es sich immer gleich
bleibt, niemals seinen Reiz verliert, keinem Wechsel unterworfen ist, um seiner selbst willen erstrebt wird und nicht
sinnlich, sondern geistig begriffen werden mufs, teilt es im
wesentlichen mit der Tugend. Gut ist ja alles, was man
mit dem Begriff von Tugend verbindet *μαx.* 796, und wer

nach der Tugend begierig ist, macht das Gute zu seinem Be-
sitztum ib. 798. Die wahre Tugend ist das mit keinem Bösen
vermischte Gute, an welchem man alles das wahrnimmt, was
man unter gut versteht, das Gotteswort selbst, die die Himmel
bedeckende Vollkommenheit μακ. 799. Sie ist das köstlichste
Gewand, welches der Mensch tragen kann, wer von ihr sich
regieren läfst, zeigt allein, dafs er das Abbild der ewigen
Schönheit ist κατασκ. ἀνϑ. 53. 94. Ihr Besitz unterliegt nicht
dem Mafs der Zeit, noch setzt ihm Sättigung Schranken, sondern er gewährt allezeit reinen, neuen, vollen Genufs aller
Güter μακ. 797, nicht nach Art irdischen Besitztums, welches
man in Stücke zerteilt und bei welchem man so viel von dem
andern hinwegnimmt, als man dem einen Anteil hinzulegt,
sondern wie das G u t e e i n f a c h ist, so ist auch die T u g e n d
e i n e. Daher nützen alle Tugenden der Seele nichts, wenn
eine fehlt παρϑ. 150. Und es ist unmöglich, in den Besitz
e i n e r Tugend zu kommen, ohne die übrigen zu erlangen
ib. 157. So bezeichnet z. B. die „Gerechtigkeit" jede Art
von Tugend μακ. 796, denn mit Erwähnung des Teils befafst
die Schrift das Ganze mit. cf. auch μακ. 763. Wie das wirklich Gute seiner Natur nach einfach, von einerlei Art und
allem doppelten Wesen widersprechend ist κατασκ. ἀνϑ. 98,
wie keins der Gott zustehenden Attribute getrennt von den
übrigen an sich zu denken ist, da das höchste Gut dann nicht
vollkommen wäre λόγ. κατ. 76, wie man infolge der Einfach-
heit (ἁπλοῦς) des göttlichen Wesens nicht an eine Mannigfach-
heit seines Wirkens denken kann κατασκ. ἀνϑ. 55, gerade so
ist's bei der Tugend. A u c h d i e ü b r i g e n C h a r a k t e -
r i s t i k a d e s G u t e n: die v e r s t ä n d i g e Ü b e r l e g u n g
(νοῦς, λογισμός), die F r e i h e i t d e s W i l l e n s, die R e i n h e i t
und Schönheit teilt das tugendhafte Leben. Wer durch Denken
und innere Überlegung seine Seele geläutert hat, lebt der
Tugend gemäfs ψυχ. κ. ἀναστ. 238; unvernünftige Geschöpfe
haben überhaupt keine Tugend κατασκ. ἀνϑ. 121. Niemand
aber sehe die Tugend in etwas anderem, etwa in einem Stoff
oder Mittel, durch den sie sich kundgibt, als im Willen μακ. 803.
Bleibt freilich der freie Wille unwirksam, dann ist's mit der

Tugend vorbei, weil ihr die Unkraft des freien Willens hindernd
entgegentritt λóγ. κατ. 91, und das Leben ist nichts mehr wert.
Das durch Tugend im Guten thätige Leben aber ist allein im
stande τοῖς λογισμοῖς τὸ πάθος ἀπώσασθαι μακ. 777; ohne durch
Zwang und Gewalt hervorgebracht zu sein und unter keiner
Herrschaft stehend κατασκ. ἀνϑ. 87, absolut frei wie die göttliche Natur selbst ψυχ. κ. ἀναοι. 228 wählt sie nach freiwilligem
Entschluſs das Gute.   Daher ist ihre Herrschaft der gröſste
Segen προσευχ. 736, ihr Besitz der einzige Reichtum und das
herrlichste Gut des Lebens ψυχ. κ. ἀναστ. 184, und zwar deshalb, weil er dem Menschen den Adel seiner Verwandtschaft
mit Gott garantiert, der in der Freiheit von der Sklaverei
der Leidenschaften, in der Würde der Selbstbeherrschung besteht προσευχ. 735.   So ist das tugendhafte Leben jedem Gedanken und Vorsatz zum Bösen fremd ib. und daher lauter
und immer Freude gewährend μακ. 797.   Die Tugend ist das
Mittel der Heilung der durch die Sünde der Seele geschlagenen
Wunden λóγ. κατ. 61, ihr mit tausend und abertausend Mühen
zu erringender μακ. 817 Kampfpreis die Erlangung aller Güter
ib. 53.   Durch die Hoffnung auf ein in Ewigkeit sich offen-
barendes Leben gewinnt sie erst recht ihre Macht und Bedeutung ψυχ. κ. ἀναοι. 184, alle Neigung zum Niedrigeren,
Sinnlichen ist ihr zuwider παρϑ. 126.   Da sie auf das höchste
Gut gerichtet ist, ist sie leicht und strebt nach der Höhe,
und alle, welche in ihr leben, fliegen wie Wolken und wie
Tauben mit ihren Jungen ib. 165. Κοῦφον τι καὶ ἀνωφερὲς
πρᾶγμα ἡ ἀρετή μακ. 771.   Wie das Feuer, welches seiner
Natur nach in fortwährender Bewegung nach oben strebt,
ohne Trieb nach dem entgegengesetzten Weg ist, ebenso strebt
die Tugend mit lebendiger Kraft nach oben und dem was über
uns liegt, ohne je von ihrer Schnelligkeit einzubüſsen ib. 776.
Dies Streben nach oben hin vergleicht Gregor mit dem Bild
der Jakobsleiter, die Himmel und Erde verband ib. 800, mit
dem einer Kette, die uns zu Gott zieht ψυχ. κ. ἀναστ. 221, und
einer Röhre, in welcher das durch den Druck nach oben hin
steigende Wasser eingeschlossen ist παρϑ. 135.   Was das erste
Bild anlangt, so ist klar, daſs der Tugendhafte seinen Blick

auf das wahrhafte Gut gerichtet hält und statt von den
Kleinoden des Teufels in seinen Kammern einen Vorrat auf-
zuhäufen, einen Schatz im Himmel sammelt, da er den Trug
des gegenwärtigen Lebens verachtet μακ. 766. 786. Sein Weg
führt ihn zum Himmel empor, da er Gott ähnlich werden will
προϲευχ. 729, μακ. 766, ganz von selbst zieht das Gute ihn
an — das liegt in der Natur des Guten (Bild von der Kette),
— da er den Blick darauf gerichtet hält, und mithin trennt
er sich von der materiell gerichteten Welt ib. 761. Diese
Trennung vollzieht sich, wie schon oben bemerkt, nicht ohne
heftigen Schmerz für das sinnliche Empfinden, aber der Tugendhafte weifs, dafs alle nur denkbare Art von Mühsal ein Gegen-
mittel sei gegen das verderbenschwangere Böse der Lust, eine
heilsame Arzenei, welche die mit giftiger Galle verdorbenen
Säfte gewaltsam reinigt μακ. 834. Wer Schmerzen hat, kann
keine Lust empfinden. Daher haben die Heiligen die schreck-
lichsten Martern gern erduldet als Mittel der Reinigung von
allem Bösen. Das ist wohl der Gedanke des Bildes von dem
durch den Druck in der Röhre emporsteigenden Wasser. Weil
der Weg zur Erlangung des Guten die Abwendung vom Materiellen bedingt παρϑ. 131, ist alles, was einen besonderen Druck
der Entsagung auf den Menschen ausübt, nach Gregor für ihn
aufserordentlich heilsam. Daher seine Empfehlung der Vir-
ginität, der Einsamkeit, des Gebets προϲευχ. 714; glückselig
ist eben nur das von jedem πάϑος freie Leben κατασκ. άνϑ. 84,
und alle heftigen Erregungen stören die Seligkeit der Seele
und beflecken ihre ursprüngliche Reinheit. Lauterkeit und
Freiheit von Leidenschaft und Lossagung vom Bösen ist Gott;
dem entsprechend mufs das menschliche Abbild werden, mufs
den Rostschmutz, welcher durch die Moderfäulnis des Bösen
seine Gestalt überzogen hat, abschaben und so die Ähnlichkeit mit seinem Urbild erlangen und g u t sein μακ. 816. Am
meisten mögen, so zu werden, anspornen nicht Vorschriften,
sondern die lebendige Stimme und die Beispiele der Guten
selbst παρϑ. 112. Sie sind ein lebendiger Beweis dafür, dafs
der Wille und Entschlufs eines Menschen zum tugendhaften
Lebenswandel undenkbar wäre, wenn seine Natur in der

Schlechtigkeit ihren Ursprung hätte. Vielmehr wurde Gott
der Schöpfer des Menschenlebens, weil er gut ist *κατασκ. ἀνϑ.* 86,
denn der, welcher seinem Wesen nach gut ist, vermag seiner
Natur nach nicht Vater des bösen Willens zu werden, noch
der Heilige ein Vater dessen, welcher sich durch sein Leben
besudelt hat, noch der Unwandelbare ein Vater des Vergäng-
lichen, noch der Reine ein Vater der durch schmachvolle
Leidenschaften Verunzierten, noch überhaupt der, welcher uns
in vollendeter Güte entgegentritt, ein Vater derer, die in
irgend einem Bösen erfunden werden *προσευχ.* 726. Vielmehr
hat der erste Mensch ebenso freiwillig die Versuchung zum
Bösen zu stande gebracht, wie der, welcher die Augen schliefst,
sich die Möglichkeit zu sehen nimmt, oder wie der, welcher
ein Haus ohne Fenster baut, das Sonnenlicht notwendig ab-
sperrt, so dafs nun drinnen das Dunkel herrscht *παρϑ.* 148.

Endlich teilt die **Tugend mit dem Guten die Eigenschaft, dafs sie in der Mitte der Gegensätze liegt** *παρϑ.*
136. Deshalb soll man bei Ausführung einer guten Handlung
die Gegensätze wohl erwägen und das Gute von allen Seiten
für sich aufzufinden suchen ib. 160, immer der weisen Vor-
schrift eingedenk, sich vor Mafslosigkeiten nach beiden Seiten
hin zu hüten und jede Abweichung von dem einen geraden,
engen und schmalen Weg zu vermeiden ib. 171. 172. 158.
Denn jede geringste Abweichung vom Tugendwege ist Ab-
irrung von Gott selbst ib. 159. Daher hindert die Tugend an
sich schon das Fortstreben in der Gott entgegengesetzten
Richtung *μακ.* 776. Wie das Gleichgewicht der Qualitäten
des Körpers sein Gesundsein bedingt *προσευχ.* 740, so ist's auch
hinsichtlich der rechten Mitte zwischen Abspannung und Anspannung bei den Affekten. So sind z. B. Feigheit und Toll-
kühnheit zwei böse Eigenschaften, die erste rücksichtlich ihres
Mangels, die andere hinsichtlich des Übermafses an Selbst-
vertrauen, und umschliefsen in der Mitte den Mut. Oder
zwischen dem Unfrommen und dem Abergläubischen steht der
Fromme, zwischen dem Knicker und dem Verschwender der
wahrhaft Freie *παρϑ.* 136. Entdeckt so der Verstand, dafs
das Gute in der Mitte der Gegensätze liegt, so müssen wir

die ganze Zahl der Seelenvermögen an sich für weder gut
noch bös erklären. und dürfen nicht etwa sagen. der Zorn sei
z. B. gänzlich verboten. Es kommt alles darauf an, ob der
Verstand die Affekte zu Werkzeugen der Tugend oder des
Lasters macht. gleichwie das Eisen nach dem Willen des
Künstlers ebensogut zu einem Schwert als zu einem Acker-
gerät geschmiedet werden kann. Führt die Vernunft die Herrschaft. so bewirkt die Furcht Gehorsam, Zorn, mannhaften
Mut u. s. w., ja der gute Gebrauch von Zorn und Furcht, Begierde und Vergnügen u. ä. macht geradezu die Tugend aus,
und nur durch verfehlte Anwendung alles dessen wird die
Schlechtigkeit geboren; dies letztere ist eben der Fall, wenn
die Vernunft, der Wagenlenker. die Zügel verliert und durch
das unvernünftige Gebahren des Gespanns willenlos fortge-
rissen wird, womöglich hinter dem Fuhrwerk dreingeschleift,
d. h. von den leidenschaftlichen Regungen dahingerissen wird
μακ. 818. ψυχ. κ. ἀναστ. 221. 206. 207. 209. So ist alles,
Gutes und Böses. von unserm Willen abhängig, oder von der
Weise, wie man die Gabe des denkenden Geistes gebraucht.
Durch die Affekte mit dem Tiere verwandt, durch jenen der
Schönheit Gottes nachgebildet, gilt es fortwährend ein Ab-
gleiten vom rechten Mittelweg zu verhüten λόγ. κατ. 78. μακ.
832, sonst verliert er sich ins Vernunftlose und das Böse überwuchert das Gute. Je mächtiger die Kraft des denkenden
Geistes, desto furchtbarer die Folgen, wenn er Diener der
Leidenschaften wird. Denn auch er ist's wiederum. der dann
einen ordentlichen Reichtum von sündigen Thorheiten zu stande
bringt. So ist die Aufwallung zum Zorn verwandt mit dem
Trieb der vernunftlosen Tiere, aber der Verstand entfaltet sie
erst zu Groll. Neid, Lüge, Hinterlist, Heuchelei; sonst — ohne
seinen Beistand — verginge sie wie eine Wasserblase. Daher
sagen wir: alles, was in der Vernunftlosigkeit der Tiere seinen
Ursprung hat. ist durch den schlechten Gebrauch des Verstandes zu wirklich Bösem geworden, ganz wie anderseits
auch, wenn der Verstand die Herrschaft über diese Gemüts-
bewegungen in die Hände nimmt. dieselben alle zum Wesen
der Tugend umschlagen κατασκ. ἀνϑ. 93. 94. So erweist

sich einmal die alles bestimmende Macht unseres
freien Willens, die sogar die Existenz des Bösen
erst möglich macht durch vernunftloses Abweichen vom Pfade des Guten und der Tugend,
anderseits die Gerechtigkeit des einstigen Gerichts, welches
jedem das zuteilt, was er sich erst erwählt *μακ.* 805. Wie die
Saat — und der Same ist der Wille — so die Ernte als Gegen-
gabe auf den Willen ib. 806.

II. Gregors Lehre vom Bösen.

Das Böse, definiert Gregor, ist einfach die Negation
des Guten. Statt böse kann man auch sagen: „thöricht",
„eitel" oder „nichtig" *παρθ.* 135, denn es ist immer Zeichen
mangelhafter Einsicht, wenn einer Böses thut: er vermag nicht
das seinem Wesen nach Gute und das, was nur dem trüge-
rischen Schein nach gut ist, zu unterscheiden s. o. („das Böse
ist mit einem Schein des Guten übertüncht" *μακ.* 801); und
„eitel" oder „nichtig" ist das Böse, denn es existiert als eigenes
Wesen außerhalb unseres Willens gar nicht *παρθ.* 148, *μακ.*
805, denn es ist, wie gesagt, einfach die Negation des Guten.
Daran, daß dies festgehalten werde: das Böse ist die Negation
des Guten, liegt Gregor sehr viel. Er verbreitet sich sehr
ausführlich darüber.

Wo das Böse nicht ist, muß notwendigerweise das
Gute sein *προσευχ.* 744. Nach Hinwegnahme des Bösen hat
Gottes Willen seinen Fortgang ib. Das Böse ist das dem
Guten Entgegengesetzte ib. 736; wie dem Licht die Finsternis
und der Tod dem Leben, also steht dem Guten offenbar das
Böse gegenüber und außer diesem nichts anderes *λόγ. κατ.* 70.
Außerhalb der göttlichen Natur ist nichts, es wäre denn das
Böse allein, welches seine Existenz in der Nichtexistenz hat,
denn es hat keinen Ursprung als die Aufhebung dessen, was

gut ist ψυχ. κ. άναστ. 223. Das eigentlich Seiende ist die
Natur des Guten. Was also in dem, was ist, nicht ist, das
ist jedenfalls in dem Nichtsein ib. 223. Was vom Guten sich
trennt, ist böse προςευχ. 744. Gleichwie das Gesicht eine Kraft
oder Thätigkeit der Natur, die Blindheit dagegen eine Beraubung dieser natürlichen Thätigkeit ist, so steht auch die
Tugend der Schlechtigkeit gegenüber. Ein anderer Ursprung
des Bösen als die Entfernung des Guten ist undenkbar. Wie
nämlich, wenn das Licht fortgenommen ist, die Dunkelheit
darauf eintritt, während, so lange es da ist, sie fern bleibt,
also hat die Schlechtigkeit. so lange das Gute in der Natur
ist, keine Existenz für sich: die Entfernung des Guten dagegen gebiert das Gegenteil λόγ. κατ. 53. Indes ist wohl zu
bedenken. dafs das Böse nur als ein Erzeugnis der Freiheit,
nicht als eine Beraubung von Natur betrachtet werden mufs,
es ist eine Abweichung von der vorgeschriebenen
Bahn der Tugend, die zu Gott führt, und zwar vom
Menschen freigewollt. Ist der Weg zum Himmel Lossagung vom Bösen προςευχ. 729, so besteht des Menschen Unglück darin, dafs er dieselbe so selten fertig bringt, vielmehr
von dem oben beschriebenen Tugendwege immer wieder abgleitet und — da das Gute in der Mitte der Gegensätze liegt —
sich alsobald im Bösen befindet. Zwar kehrt er immer wieder
zum Guten zurück ib. 742, aber das Böse hat einmal seinen
Keim in seinem Innern und entsteht auf dem Gebiet seines
Willens immer wieder λόγ. κατ. 53, μακ. 805 durch die Abweichung
vom Guten. Eben durch den Mangel des Guten kennzeichnet
das Böse seine Existenzlosigkeit, denn nur wo Tugend fehlt,
ist Schlechtigkeit vorhanden, und wo das Gute abnimmt, gewinnt das Böse Existenz λόγ. κατ. 55. 58. 59, κατασκ. άνθ. 72.
Wie die Blindheit Verlust der Sehkraft ist, wie der Schatten
durch Verschwinden des Sonnenlichts entsteht, überhaupt mit
Wegnahme des Lichts Finsternis entsteht, so gewinnt mit der
Abkehr vom Leben der Tod Eingang, mit der Entfernung der
Tugend die Schlechtigkeit, und dem Reichtum des Guten stellt
sich auf gleiche Weise die ganze Zahl des Gegenteiligen gegenüber λόγ. κατ. 55. 63. 64. Vergl. dasselbe Bild von Licht und

Finsternis μακ. 828, προςευχ. 742, παρθ. 148 und das vom ver-
schlossenen Hause παρθ. 148. Umgekehrt heißt aus dem
Bösen herauskommen, sich im Guten befinden μακ. 835. Schon
der Stillstand des Bösen ist der Anfang der Wendung zur
Tugend κατασκ. ἀνθ. 121, und durch Negierung des Bösen ge-
winnen wir die bessere Ansicht ψυχ. κ. ἀναστ. 194. Mit der
Hinwegnahme des Bösen zieht alles Gute dafür ein μακ. 803.
Verbannst du z. B. den Haß, so führst du an seine Stelle alles
das herauf, was durch die Hinwegnahme seines Gegenteils ins
Dasein tritt ib. 828. Und warum wird die Lossagung vom
Bösen zum Anfangspunkt der Erwerbung des Guten? Gregor
sagt: weil das menschliche Leben auf der Grenzscheide des
Guten und Schlechten liegt und eine doppelte Bewegung den
Menschen bald nach dieser, bald nach jener Richtung ablenkt.
Daher gelangt der, welcher sich von der Sünde entfernt, zu
Gerechtigkeit und Unvergänglichkeit, und der, welcher von
der rechten Bahn abgleitet, in den Abgrund μακ. 831. 832.
Nun spaltet sich das Gemüt des Menschen durch die entgegengesetzten Bestrebungen cf. ib. 786, indem sich Zorn der Billig-
keit, Hoffart der Bescheidenheit etc. entgegenstellt. So steht
jedem einzelnen Begriff von etwas Gutem ein anderer gegenüber. Denn nichts ist verkehrter, als wenn man Schlechtes und
Gutes zusammenmengen wollte ψυχ. κ. ἀναστ. 234 und denken,
eine Tugend wie die Gerechtigkeit z. B. sei mit irgend einer
bösen Eigenschaft verbunden denkbar. Dann umfaßte sie
nicht alles Gute. Nur das unvermischte, von allem Bösen Freie
ist gut μακ. 796, und deshalb ist das Böse die Entfremdung
vom Guten λόγ. κατ. 63, das Gegenteil des höchsten Gutes,
Gottes προςευχ. 714. Wie sich im tugendhaften Leben das Bild
Gottes ausprägt, so gewinnt das Leben im Bösen Gestalt und
Antlitz des Widersachers, d. i. Finsternis, Tod und Verderben
μακ. 819, der Segen verlischt, Tod, Schwäche, Fluch, Mangel
an Offenheit und Scham — alles wie es beim ersten Sündenfall zu Tage trat — λόγ. κατ. 57 zeigen sich, das Heer der
Leidenschaften greift Platz, denn der Geist nimmt die Häß-
lichkeit der Materie, deren Sitz jene sind, an, indem er wie
ein Spiegel das Bild der Vollkommenheiten auch die Hinterseite

aufnimmt. Die Harmonie zwischen Geist und Natur ist gestört, die Ähnlichkeit mit dem Guten nicht mehr vorhanden und also auch keine Teilhaberschaft mehr daran $\varkappa\alpha\tau\alpha\sigma\varkappa$. $\dot\alpha\nu\vartheta$. 72. — Auch hierbei erscheint Gregor die Disharmonie, das falsche Verhältnis zwischen Geist und Materie als die Ursache des Bösen, oder sagen wir besser: das Abweichen vom Tugendwege ist so unvernünftig, dafs es nur durch eine Vorspiegelung eines Gutes seitens der mit dem Geist verbundenen, ihm beigemischten schlechten, sinnlichen, leidenschaftlichen Natur erklärt werden kann. Bei jeder solchen Abweichung dominiert die Materie den nach Gott hin strebenden freien Willen des Menschen. Damit erschliefst sich erst die Perspektive auf die eigentliche Auffassung Gregors vom Wesen des Guten und Bösen und ihrem gegenseitigen Verhältnis.

Wenn oben gesagt wurde, das Böse stehe dem Guten rein gegensätzlich gegenüber $\pi\alpha\rho\vartheta$. 152, so dafs die Aussage über jemanden: er sei nicht im Guten, soviel heifse als: er sei im Bösen $\psi\nu\chi$. $\varkappa$. $\dot\alpha\nu\alpha\sigma\iota$. 260. und eine Behauptung wie die dafs jemals aus Bösem Gutes und aus Gutem Böses entstehen könne, unhaltbar ist ib. 237, so ist damit doch nicht die andere Wahrheit abrogiert, dafs das Gute und das Böse einen und denselben Namen führe und beides sich nach Gedanken und Empfindung teile ib. 218. Das Böse ist eben nicht blofs Negation des Guten, sondern Mischung aus Nichtigem und Wahrem: denn wenn es gar nichts Gutes an sich trüge, könnte es den Menschen gar nicht verführen $\varkappa\alpha\tau\alpha\sigma\varkappa$. $\dot\alpha\nu\vartheta$. 20. Das Böse ist nur mit dem Schein des Guten geschmückt, und dieser trügerische Schein des Guten ist wie ein Köder um den Angelhaken des Versuchers befestigt, so dafs der ursprünglich auf das wahrhaft Gute gerichtete Verstand irregeleitet, das dem Guten Entgegengesetzte für das Gute ansieht. Gregor erinnert zur Verdeutlichung seiner Vorstellung an die Fabel von dem Hunde, der das Stück Fleisch, welches er schon im Maule trägt, fallen läfst und nach dem Spiegelbild des Fleisches schnappt, welches er im Wasser erblickt $\lambda\acute{o}\gamma$. $\varkappa\alpha\tau$. 78. Jede Sünde kommt durch Betrug des Versuchers, des personifizierten

Bösen zu stande, und der Mensch fällt, weil er das Böse und
das Gute nicht zu unterscheiden vermag. Das ist aber eben
so schwer, weil — während das Gute einfach und nicht zusammengesetzt ist μαϰ. 829 — das Böse zusammengesetzt,
mit dem Guten gemischt erscheint. Die Geschichte vom
Sündenfall der ersten Menschen Gen. 3 ist besonders instruktiv.
Die verhängnisvolle Frucht, meint Gregor, war eine Mischung
von Gegensätzen, weil das Böse seiner Natur nach nicht nackt
und unverhüllt sich den Sinnen darbietet; denn wenn sie nicht
mit Schönheit und das Verlangen anreizender Wollust geschmückt gewesen wäre, hätte sie kein Begehren erregen und
den Menschen nicht betrügen können. Nach Art der schlimmen
Gifte, die mit Honig versetzt sind, sofern der Genufs süfs ist,
erscheint die böse Frucht als etwas Gutes und sobald sie ihre
Wirkung äufsert, wird der Mensch zum Bilde der Nichtigkeit.
Wie damals, so birgt stets das Böse in seiner Tiefe das Verderben, wie eine hinterlistige Falle, während sie auf der trüge-
rischen Oberfläche das Gute zeigt; und wie die Frucht nicht
absolut böse war, sondern rings um sich den Blütenschmuck
des Guten trug, so tragen alle Sünden das Verderben in sich,
während sie mannigfaltig und schön erscheinen und wie ein
Gut erjagt werden ϰαιασϰ. άνϑ. 97. 98. 99. Also durch Täuschung
vom rechten Wege abgebracht, brachte der erste Mensch aus
freien Stücken die Versuchung des Bösen zu stande παρϑ. 148,
μαϰ. 801. Er trat damit aus dem einförmigen Leben, d. h.
dem Leben im Guten in das aus den Gegensätzen von Fleisch
und Geist, Sinnlichem und Übersinnlichem gemischte Leben
ψυχ. ϰ. άναστ. 217. Ursprünglich dazu bestimmt, am Guten
festzuhalten, sich der Erkenntnis des Guten und Bösen zu ent-
halten und das Gute rein und unvermischt und ohne Beisatz
des Bösen zu pflücken παρϑ. 152, hat er sich die Gemeinschaft
des Bösen zugezogen, indem er das Böse gewürzt mit der Lust
wie eine mit Honig versetzte Lockspeise seiner Natur bei-
mischte λόγ. ϰατ. 59. Vorher war seine Natur durchaus gut,
von der Fülle des Guten umgeben λόγ. ϰατ. 52; ohne Schmerz
und Mühsal konnte er mit reinem Geistesblick zu dem Allgute
aufschauen μαϰ. 785, das volle Abbild der überirdischen Schön-

heit ib. 765, mit allen Gütern und Keimen des Guten ausgestattet ib. 804, kurz ein göttlich Ding ϑεῖόν τι χρῆμα ψυχ. κ. ἄναστ. 252. Wie sollte es auch anders sein? Wie sollte das Abbild des Guten bös sein? προςευχ. 720. Nun aber sein Urteil in dem Urteil über das was gut ist durch Betrug der Sinne λόγ. κατ. 60, προςευχ. 736 irregeleitet worden ist, und er in seiner Gier das dem Guten Gegenteilige freiwillig gekostet hat, gehört die menschliche Natur nicht blofs dem Guten und Bösen an, sondern hat auch Teil an den Folgen beider, „an dem was Fröhlichkeit und an dem was Schmerz bringt“ μακ. 787.

In einer Hinsicht kann man sagen: das Gegenteil alles dessen, wozu der Mensch ursprünglich bestimmt war, ist eingetreten, das Erhabene ist ja erniedrigt, das himmlische Ebenbild zu Erde gemacht, was königliche Macht besafs, in Knechtschaft geraten, was unsterblich sein sollte, dem Tode verfallen, was frei von Leiden und Leidenschaft (beachtenswerte Verbindung!) war, diesem unterworfen; mit einem Wort: ein hinfällig Leben ist eingetreten μακ. 785. Der Wille des Menschen neigt sich dem dem Guten Entgegengesetzten zu, sein Leben ist der Tyrannei des Bösen preisgegeben προςευχ. 736, die Despoten der Leidenschaften regieren die Seele μακ. 807; seine ganze Natur ist verstümmelt κατασκ. ἀνϑ. 137, geschändet ἀτιμωϑεῖσα μακ. 822, gewissermafsen mit den Leiden μακ. 807 vermischt und auf tausendfachen Wegen dem Tode preisgegeben προςευχ. 736. Wer ihre Armseligkeit mit dem ursprünglichen Zustande vergleicht, möchte Grund genug haben, Leid zu tragen μακ. 783 und überhaupt noch fragen, wo denn noch eine Ähnlichkeit mit dem unkörperlichen, unveränderlichen, keinem Affekt, Verderben, Untergang: kurz keinem Bösen unterworfenen, ihm vielmehr gänzlich fernstehenden Urbild vorhanden sei? κατασκ. ἀνϑ. 84. In anderer Hinsicht zeigt sich aber doch, dafs das Böse beim Menschen und überhaupt in der Welt nicht blofs als das Gegenteil des Guten erscheint, sondern nur verwachsen, vermischt, verbunden λόγ. κατ. 85 mit ihm und zwar beim Menschen durch die materielle, sinnliche Natur, die dem zu Gott hinstrebenden

Geist bei der **Schöpfung zugesellt** wurde. Gott wußte
nämlich, meint Gregor, daß der Mensch nicht auf dem Pfade
des Rechten und Guten bleiben werde, und pflanzte an Stelle
der engelischen Herrlichkeit die tierische und dem vernunft-
begabten Geschöpfe durchaus nicht entsprechende Weise der
Fortpflanzung ihm ein $\varkappa\alpha\tau\alpha\sigma\varkappa$. $\dot{\alpha}\nu\vartheta$. 91 und legte selbst, indem
er das Göttliche mit dem Irdischen vermischte ib. 51, An-
lagen in seine Natur. Diese Vermischung des Geistigen und
Sinnlichen fand statt, damit — in Voraussicht des künftigen
Sündenfalles — nichts an der Schöpfung verwerflich gefunden
werden könne $\lambda\dot{o}\gamma$. $\varkappa\alpha\iota$. 54. Dem sinnlichen Teil nun, d. h. dem
körperlichen ist die Schlechtigkeit beigemischt worden
ib. 60; sie wäre also gar nicht möglich geworden und so wäre
überhaupt kein Böses denkbar, wenn nicht mit unserer Vernunft, die ein Spiegel der Gottheit ist, noch ein anderer Spiegel
verbunden wäre, unser Leib, welcher die vernünftigen Regungen
des $\nu o\tilde{v}\varsigma$ s. $\lambda o\gamma\iota\sigma\mu\dot{o}\varsigma$ widerspiegeln sollte, der aber materieller
Art ist und seine materiellen Triebe nur zu oft zu Herrschern
der vernünftigen werden läßt. So ergibt sich **dieselbe An-**
schauung vom Ursprung des Bösen im Menschen auch von hier
aus: die **Disharmonie zwischen Verstand und Leib,**
das **Überwiegen der schlechten sinnlichen Natur,**
die mit dem geistigen Wesen des Menschen, welches das Gute
will, verwachsen ist.

Über diesen beklagenswerten Zusammenhang der Materie
mit dem vernünftigen Teil des Menschen äußert sich Gregor
in sehr starken Ausdrücken. Die Seele, heißt es $\mu\alpha\varkappa$. 833,
ist durch die sinnliche Kraft wie mit einem Nagel an die Un-
annehmlichkeiten des Lebens festgeschmiedet und schwer von
dem loszureißen, womit sie vernietet und verwachsen ist, und
nach Art der Schildkröten und Schnecken wie in eine Seelen-
hülle eingebunden, so daß sie nur schwer zu solchen Bewegungen vorwärts gelangen kann, weil sie die ganze Last
des Lebens zugleich mit sich fortschleppt. — Das mit der
Natur widernatürlich Verwachsene hält durch eine Art von
Mitleidenschaft an seinem Gegenstand fest, und es entsteht somit
eine gewisse eigentümliche Vermischung eines fremdartigen

Stoffes mit unserm Körper λόγ. κατ. 62. Seitdem die Krankheit des Bösen sich auf die Menschennatur geworfen ib. 89.
liegt das Ebenbild Gottes im Menschen unter häfslichen Überdeckungen verborgen μακ. 815. und Gottes Güte kann allein
einst die Seele aus dem vernunftlosen und materialen Schutt
hervorholen ψυχ. κ. ἀναστ. 226.

Die Charakteristika der die Seele beschweren-
den bösen Materie sind nämlich 1) Schwere und 2) Häfs-
lichkeit. Die Sünde ist schwer, heifst es παρθ. 165, und
sitzt, wie einer der Propheten sagt, auf einem Zentner Blei.
Es entspricht diese Anschauung dem, was oben über die
Leichtigkeit der Tugend gesagt wurde I pag. 18. Ein schweres
Ding ist das Gold, heifst es μακ. 771, schwer ist aller Stoff
des Reichtums, eine leichte und nach oben hin strebende Sache
dagegen die Tugend. Da nun, wie wir sehen, das Gegenteil
des Guten das Schlechte ist, ist's unmöglich, dafs einer nach
oben hin trachten kann, wenn er sich an die Schwere der
Materie anheftet. Die Natur der σώματα ist βαρύς und πρὸς
μὲν τὰ ἄνω παντάπασιν ἀκίνητος ib. 776, die ὕλη ist βαρεῖα καὶ
κατωφερής, geradezu ἄψυχος ib. et 809; τοῦτο σαρκίον heifst
προσευχ. 729 τὸ βαρύ τε καὶ ἐμβριθὲς καὶ γειῶδες. Höchst
drastisch drückt sich Gregor ψυχ. κ. ἀναστ. 225. 226 aus. Mit
den Nägeln der Abhängigkeit, heifst es da, ist die Seele an
das Materiale angeheftet, ähnlich wie bei den Stürzen der
Erdbeben die von Schuttmassen eingequetschten Körper, die
von einer Anzahl Spitzen und Holzsplitter, die sich im Schutte
finden, durchstochen sind. Die Materie ist aber deshalb dick
und schwer ib. 230, weil sie der Sitz der Sünde, des Bösen
ist. Dasselbe besitzt „niederziehende Wucht" ib. 235, schon
die Hinneigung zu ihm zieht zur Tiefe, wie überhaupt die
Bürde des Fleisches nach unten zieht und die „Last" an der
Erde zurückhält κατασκ. ἀνθ. 103. Es gilt, diese irdische
Schwere von sich abzuschütteln μακ. 817, sich von der Mitleidenschaft und Abhängigkeit vom eigenen Körper befreien, um
ohne Beschwerde die Kampfeslaufbahn zu beschreiten μακ. 834,
ja geradezu den Wandel der körperlosen Mächte nachzuahmen
παρθ. 131. 132. Diese Mahnung ist um so ernster zu nehmen,

je mehr die Seele durch die unvernünftige sinnliche Natur des
Leibes zum Bösen verlockt wird. Durch die Wucht derselben
wird sie mehr hinabgezogen, als das Schwere und Irdische
durch die Erhabenheit des Geistes mit erhoben wird καταακ.
ἀνϑ. 94. Aus der Schwere der Natur erklärt sich die schnelle
Hinneigung des Menschen zum Bösen. Wie alle schweren
Körper entbehrt sie der Bewegung nach oben; da sie nun seit
dem ersten Fall der Menschen einmal die Neigung zum Bösen
genommen hat, beschleunigt ihre Schwere die Schnelligkeit,
mit der sie nach der Tiefe stürzt, so furchtbar, wie ein von
einer Felsspitze losgebrochener Stein mit immer durch seine
Schwere gesteigerter Schnelligkeit in die Tiefe stürzt μακ. 776.
λόγ. κατ. 56. Infolge der engen Verbindung von Seele und
Leib ist eine gleiche Beteiligung beider am Bösen vorhanden
und durch beide gelangt dasselbe zur Wirksamkeit λόγ. κατ. 61.
Durch die niederziehende Wucht des Bösen ist die Seele ja
mit der „unteren Natur" verschmolzen ψυχ. κ. ἀναστ. 235, und
infolgedessen haben sich auch die aus dem Bösen stammenden
Gebrechen mit der Seele ganz und gar vermischt, sind mit ihr
verwachsen und eins mit ihr selbst geworden ψυχ. κ. ἀναστ. 260.
Gleichwohl ist festzuhalten, daß die Versuchung an der Seele
nicht haften könnte, wenn nicht der sinnliche Körper durch
betrügerische Vorspiegelung eines scheinbaren Gutes zu bösen
Regungen, Begierden und dem entsprechenden Handlungen sich
fortreißen, verlocken ließe. Die Versuchung, heißt es
προσευχ. 761, vermag nicht an der Seele zu haften, wenn sie
nicht dies weltliche Treiben an dem bösen Angelhaken wie
eine Lockspeise den Gierigeren hinhält. Der Körper ist der
Angriffspunkt, τὸ ὁρμητήριον, für den Feind der Seele und das
Fleisch führt Krieg wider den Geist προσευχ. 757. Es ist
geradezu unmöglich, in der Materie das völlig immateriale und
leidenschaftslose Leben zur Durchführung zu bringen. Wer
wird unbewegliche Festigkeit gegen die Begierde erreichen
können, so lange er an Fleisch und Blut gekettet ist? μακ.
776. 777. Sind also die Seelenregungen und Begierden dasjenige, wo sich die Folgen des ersten Sündenfalls und überhaupt jede Hinneigung zum Bösen besonders zeigen, so ist zu-

nächst, wie oben bei Behandlung der richtigen Ansicht vom
Guten und der Tugend I pag. 20 f. zu konstatieren, dafs dieselben nur zur Hervorbringung der Frucht der Tugend in
dem Menschen gepflegt werden sollten. Seitdem aber das Urteil über das Gute irregeführt worden und ein Trugbild der
Schönheit den Menschen getäuscht hat ψυχ. κ. άναστ. 223, ist
das Kraut des Truges so wild aufgeschossen und hat das Gute
überwuchert, dafs auch das Begehrungsvermögen nicht für das
allein Gute, das zu begehren es in uns gelegt war, aufgegangen
ist, sondern dafs es ins Tierische und Unvernünftige umschlug,
und so aus Mangel an richtigem Unterscheidungsvermögen
zwischen dem wahrhaft und scheinbar Gutem ist der Trieb der
Begierden in eine dem Guten entgegengesetzte Bahn gelenkt
ψυχ. κ. άναστ. 208. Nunmehr kann mit dem Worte „Leidenschaft" der eigentliche Feind der zu Gott hinstrebenden
Seele bezeichnet werden: πάϑος ἐστιν κακία! λόγ. κατ. 71.

Sie ist's, durch die die Sünde in das Leben gekommen
μακ. 834, die die Seele Gott entfremdet προςευχ. 720, und zwar
sobald die erste Einzug gehalten, folgen ihr die andern alle
nach. Sobald der Neid und die Herrschsucht den ersten
Menschen zur Hinneigung zum Bösen bewogen, folgten alle
andern Übel nach λόγ. κατ. 56. 79. So ist's jedesmal, wo das
Böse entsteht. Der ganze Schweif der Übel geht von dem
einen, dem πάϑος aus. Sie hängen zusammen wie die Glieder
einer Kette παρϑ. 129. 130, und wie aus einer einzigen Quelle
das Wasser in verschiedene Gräben sich verteilt, so ist die
Lust eine (wie die Tugend! cf. I pag. 17) und verschafft
sich mittels jedes einzelnen Sinneswerkzeugs bei den Genufs-
süchtigen Eingang ib. 169: durch Gedanken, sinnliche Empfindungen, Willensregungen, körperliche Thätigkeiten dringt sie
ein in unser Leben προςευχ. 757 und umstrickt und umhüllt
die Seele so, dafs dieselbe Pein und Anspannung erduldet
ψυχ. κ. άναστ. 227, sich fortwährend in erregter Stimmung befindet προςευχ. 744, wie ein Sklave geknechtet μακ. 807, ge-
brandmarkt und von den Schlägen der Sünde mit Beulen und
Brandmalen bedeckt wird παρϑ. 164. Πᾶν πάϑος ὀξείαν ἔχει
καὶ ἀκατάσχετον τὴν ὁρμὴν πρὸς τὴν ἐκπλήρωσιν τοῦ θελήματος

μακ. 776; verbunden mit der *κακία* ist *ἐμπαϑὴς διάϑεσις* ib.
815. die *ὁρμαὶ τῆς φύσεως* sind gefährlich *μακ.* 776, des Menschen
eigentliche Feinde *προςευχ.* 720, sie entstellen sein Gottesbild,
cf. die Aufzählung *προςευχ.* 730. 742 der einzelnen, so daſs es
nun unter häſslichen Überdeckungen verborgen liegt *μακ.* 815.
Diese Last der weltlichen Lüste muſs der nach dem ewigen
Gut hin Laufende von seinen Schultern abschütteln, um leicht
und ohne Beschwerde die Kampfeslaufbahn zu beschreiten
μακ. 834. *Τοῖς λογισμοῖς* soll man *τὸ πάϑος ἀπωϑεῖν μακ.* 777
und sich reinigen von der *προςπαϑεία ταπεινῶν παρϑ.* 144,
denn Glückseligkeit ist nur möglich bei Freiheit von jeder
Leidenschaft *λόγ. κατ.* 59. Die Leidenschaft ist dem vernunftlosen Teil des Menschen, der *ὕλη*, eigen *κατασκ. ἀνϑ.* 92,
μακ. 776, Erlösung von ihr ist auch die Befreiung von jener,
und dann erst kann die Seele ungehindert das Gute betrachten
ψυχ. κ. ἀναστ. 222. 224. Darum ist möglichste Loslösung von
der Materie und den ihr entstammenden Trieben schon jetzt
zu erstreben, wenn man den Tugendweg zum wahren Gut
gehen will; nur so viel als nötig sich am weltlichen Reichtum und irdischen Leben beteiligen *μακ.* 771, mit der Spitze
des Fuſses die Erde berühren, allen Sinnentrug überragen und
im Fleische nach dem körperlosen Leben ringen *προςευχ.* 735,
möglichst die Sorge für das Leibliche und Irdische der Be-
schäftigung der Seele mit dem Höheren und Himmlischen nach-
stellen ib. 713, überhaupt Tugenden sich aneignen, die Zeug-
nis geben von der nach obenhin gerichteten Bewegung der
Seele *μακ.* 776, cf. 824, dann wird man den Übeln, die doch
nur als Folge des Bösen in die Welt gekommen sind *παρϑ.* 152,
ψυχ. κ. ἀναστ. 252. *μακ.* 786 am besten entgehen und all die
Zufälle, welchen unser Körper ausgesetzt ist und welche mit
unserer Natur verwachsen sind *μακ.* 786 wie Alter, Krank-
heitsleiden etc., am standhaftesten ertragen, weiſs man doch,
daſs sie die Seele von der Materie und von der Sünde lösen
helfen (cf. I pag. 19), sollte es selbst der Tod sein. Trennt
doch das Schwert — ruft Gregor bei Betrachtung der h. Mar-
tyrer *μακ.* 834 aus — die Verwachsung des Geistes mit dem
Materialen und Fleischlichen! Wer also den Schmutz des

Bösen und den Rost vom Eisen tilgt, erlangt die Ähnlichkeit
mit seinem Urbild wieder μακ. 816. So drückt sich unser
Kirchenvater aus, denn das a n d e r e Charakteristikum der
Materie ist ihm neben der Schwere die H ä f s l i c h k e i t.
Diese Anschauung entspricht dem, was er oben I
pag. 15 f. über die fleckenlose Schönheit des Guten und der
Tugend gesagt hatte. Τὸ καλὸν πρέπει ἐπὶ θεοῦ λόγ. κατ. 65,
mithin ist das Böse und alles mit dem bösen Verwandte für
Gottes Natur unziemlich und schimpflich ib. 88, es steht ihr
ganz fern und entbehrt selbst der Natur. In nichts aufser im
Bösen darf ein Unwürdiges und Unangemessenes gesehen werden — da ja alle Kreatur Gottes gut ist, cf. I pag. 13 — ib. 86,
und aufser dem sittlichen Bösen gibt es kein weiteres Übel
ib. 58. Wie das Böse, so sein Wohnsitz, die Materie, die ὕλη.
Sie ist τὸ χρῇζον τοῦ καλλωπίζοντος, πτωχευούση τῆς ἰδίας
μορφῆς κατασκ. ἀνθ. 72, ungestaltet und roh ib. Sie ist im
beständigen Flusse begriffen, und infolgedessen ist die sinnliche
Wahrnehmung und wieder infolge davon die Thätigkeit der
Vernunft ebenso wie der Wille niemals ohne Veränderung und
nie ohne ein bestimmtes Ziel λόγ. κατ. 21. 31. 77. 78, κατασκ.
ἀνθ. 13. 14. Dafs dies Ziel ein der Vernunft und nicht der
Materie entsprechendes sei, darauf kommt es an, wie wir schon
bei Besprechung des Verhältnisses zwischen νοῦς und φύσις
bez. ὕλη I pag. 14 f. sahen. Da nun, wie II pag. 30 erwähnt, die
Schnelligkeit, mit der die Natur dem Bösen zuneigt, ein böses
Ding ist, ist das Gegenteil davon, die Sanftmut, ein Glück
μακ. 776, die Ruhe, die Langsamkeit, Eigenschaften, die zeigen,
dafs der Mensch nach oben hin trachtet und die Thalschlucht
(κοίλη αὕτη ζωή), dieses Lebens flieht. Denn in sie ist alles
Böse wie eine Hefe und Grundsuppe zusammengeströmt (τρυγία
τε καὶ ἰλύς), und hierdurch wird das Menschengeschlecht besudelt und durch dies Dunkel gehindert, das göttliche Licht
der Wahrheit zu schauen προςευχ. 744. Alles was sich dem
Guten entgegensetzt, sich von ihm abscheidet, ist, da das Gute
rein ist, cf. I pag. 20, abgefallen von der Reinheit παρθ. 115.
Deshalb fügt die Sünde dem Menschen Befleckungen (μολυσμοί)
zu προςευχ. 735, und jede Lust ist ein ῥύπος τῆς κατὰ ψυχὴν

$\varkappa \alpha \vartheta \alpha \varrho \acute{o} \tau \eta \tau o \varsigma$ ib. 757. Ein böser Mensch verwischt durch den
Schmutz der Sünde die Schönheit seines Gottesbildes $\varkappa \alpha \tau \alpha \sigma \varkappa.$
$\acute{\alpha} \nu \vartheta.$ 94, die Leidenschaften überdecken wie eine häfsliche Larve
dieselbe ib., so dafs es, wie vom Rost dunkelgefärbtes Eisen,
nicht mehr anmutig, sondern häfslich ist $\pi \alpha \varrho \vartheta.$ 149, $\mu \alpha \varkappa.$ 815. 816.
Der Mensch mufs also den Rostschmutz, der durch die Moder-
fäulnis des Bösen seine Gestalt überzogen hat, abschaben, die
häfslichen $\pi \varrho o \varsigma \varkappa \alpha \lambda \acute{v} \mu \mu \alpha \tau \alpha$ abwerfen ib., das Bild des Königs,
das im Schmutz verloren ist, so eifrig wiedersuchen wie das
Weib im Evangelio Lk. 15, 1 ff. ihren verlorenen Groschen
$\pi \alpha \varrho \vartheta.$ 150, sein Herz reinigen von dem ihm vom Bösen an-
klebenden Schmutze ib. 149, $\mu \alpha \varkappa.$ 765, und also die verdeckte
Schönheit der Seele ans Licht ziehen und selig sein. Vergl.
auch das charakteristische Bild von den Warzen, Hühneraugen
und Schwielen, die mit den sündlichen Affekten die Seele über-
zogen haben $\lambda \acute{o} \gamma. \varkappa \alpha \tau.$ 61. Freilich erscheint dies zur Zeit unmöglich, da man die irdische Schwere nicht abschütteln und
der Verkettung von Leiden und Übel nicht entgehen kann
$\mu \alpha \varkappa.$ 817, vor allem weil der freie Wille des Menschen dem,
was mit der Natur verbunden ist, die böse Richtung ("die
Stellung eines Feindes") gegeben $\pi \varrho o \varsigma \varepsilon v \chi.$ 720 hat. Dafs der
Mensch immer und dazu so leicht diese verkehrte Richtung
einschlägt, ist um so unbegreiflicher, da dem Bösen endlich
eine d r i t t e Eigenschaft charakteristisch ist: es ist f r e u d e l o s.
    Darin zeigt sich seine betrügerische Vorspiegelung eines
scheinbaren Gutes, das es dem Menschen sein will: der böse
Mensch gewinnt kein Gut, die Leidenschaft gibt ihm Be-
friedigung nicht, $\varkappa \alpha \varkappa \acute{o} \nu$ Übel ist, wie wir schon öfters sahen,
sein Gefolge II pag. 32, und dazu Jammer und Elend. — Dafs
dies so ist, ist eine logische Notwendigkeit. Denn wenn mit
Tugend Glückseligkeit verbunden ist, wie oben I pag 15 gezeigt, dann ist mit ihrem Gegenteil Elend verbunden, wie z. B.
die reines Herzens sind, selig sind, so sind die, die unsauberen
Sinnes sind, elend $\mu \alpha \varkappa.$ 819. Und wie nur der Tugendhafte
wahrhaft frei ist, so ist der sündigende Mensch der Sünde
Knecht und wird von den Leidenschaften wie ein Sklave von
seinem despotischen Herrn tyrannisiert $\mu \alpha \varkappa.$ 807, mit Beulen

und Brandmalen bedeckt παρθ. 164. Aber ganz abgesehen
von den der Seele zugefügten Schäden steht die gehoffte Freude
keineswegs immer solchen verblendeten Leuten zur Seite, denn
z. B. der Schwelgerei im Essen setzt die Sättigung ihre Grenzen,
und die Lust des Trinkenden erlischt zugleich mit dem Durste
μακ. 797. Aber wie merkwürdig! Wie selten merkt der Mensch
seine Thorheit, diese ἀναγκη τῆς κακίας ψυχ. κ. ἀναστ. 238, τοῦ
βίου παρθ. 125, und dafs er dabei einem Trugbild nachläuft!
Es geht ihm wie den Wahnsinnigen, denen der überwiegende
Einflufs des Übels, das sie betroffen, das Gefühl des Leidens
genommen hat μακ. 808. Die erste Negierung des Guten führt
zur Aufstellung von etwas Bösen, und umgekehrt ist die Lossagung vom Bösen der Anfangspunkt der Erwerbung des Guten
ψυχ. κ. ἀναστ. 194. μακ. 831, das sahen wir früher II pag. 24.
Bedingung dieser Lossagung ist die rechte Erkenntnis von
dem, was der Mensch durch die Sünde geworden ist und bei
jedem einzelnen Fall immer wieder wird. Ein vergleichender
Blick auf die jetzige jammervolle Lage des Menschen, auf die
Übel, die sein Körper zu ertragen jederzeit bereit sein mufs
μακ. 786 und die vorhin erwähnte leidensvolle Lage der Seele,
im Vergleich mit dem einstigen Zustand der Vollkommenheit
μακ. 783, müfste ihn das Böse merken und die Schlechtigkeit
seines Lebens bejammern lassen. Ein solches Leidtragen über
sich selbst μακ. 780 und Erbarmenfühlen mit der eigenen
Lage ib. 808 macht den Blick hell und zeigt dem Menschen
Tod, Verderben, Finsternis als Ausgeburt des Bösen, und mit
dieser Erkenntnis strebt er schon wieder nach dem rechten
Wege zu λόγ. κατ. 85. Nun eilt er wie ein unglücklicher See-
fahrer, in den Hafen der Ruhe zu gelangen προςευχ. 735, der
nur erreicht wird von denen, die die Fahrt der Tugend durch
das gegenwärtige Leben vollendet haben ψυχ. κ. ἀναστ. 219.
Zu dieser Fahrt mufs der Mensch sich entschliefsen, er mufs
wollen, den vernünftigen Geist das Gute erstreben lassen,
darauf kommt es immer wieder an. Will er das Gute und
kann es nicht thun, dann ist er nicht geringer als der, welcher
durch die Werke seine gute Gesinnung bekundet hat μακ. 803.
Aber er mufs davon abgekommen sein, das Gute und Böse

3*

nach dem Eindruck des sinnlichen Gefühls zu unterscheiden,
nach Schmerz und Lust, denn dann beweist er, daſs er immer
noch nicht das Wesen des Bösen erkannt hat, seinen nichtigen,
betrügerischen Charakter, und damit auch die Folgen des Bösen
noch nicht recht beurteilt: auf Erden jeweilige vorübergehende,
aber die Seele tiefer in die Materie verstrickende und vom
guten Wege immer weiter abziehende Lust, und dereinst noch
ganz andere Folgen. Bedenkt er vielmehr, daſs, da die Schei-
dung des Guten vom Bösen eine nicht sinnliche ist, es in seinem
Willen liegt, da zu sein, wo er zu sein von selbst Neigung hat
πϱοϭευχ. 729, so wird er durch guten Willen sich der Berührung
mit dem Bösen überhaupt entschlagen λόγ. ϰατ. 110, das Böse
ganz aus dem Willen entfernen, d. h. das Leben von der
groſsen Menge der bösen Thaten abziehen μαϰ. 818 dadurch, daſs er — dem rein negativen Charakter des Bösen
gemäſs — jedem Bösen eine Tugend gegenüberzustellen sucht
und dadurch die eine Tugend, das Gute verständig zu
wollen, sich erwirbt. Doch davon, von der Überwindung des
Bösen, jetzt und dereinst, müssen wir noch besonders handeln.

III. Gregors Lehre von der Überwindung des Bösen.

Wir hatten bisher im Laufe unserer Darstellung von den
Anschauungen Gregors über das Gute und Böse öfters er-
wähnen müssen, wie sich unser Kirchenvater das Verhältnis
des Guten zum Bösen und umgekehrt denkt und wie der
Mensch das Böse zu besiegen im stande ist, indem er der Vernunft die regierende Hand über die sinnliche Natur überläſst
und das Gute will. Nun lehrt aber Gregor — seiner prin-
zipiellen Auffassung von dem rein negativen Charakter des
Bösen gemäſs und seiner ganzen Weltbetrachtung, wonach
alles in der Welt gut ist als vom guten Gott gemacht, ent-

sprechend: daſs das Böse wirklich vertilgt werden kann
durch das Gute, 1) schon hier auf Erden zeitweilig,
2) endgültig aber dereinst am Ende der Tage.

Um die erste Behauptung: Gregor lehre zeitweilige Vertilgung des Bösen durch das Gute hier auf Erden, zu be-
weisen, lassen wir ihn wie bisher selbst reden, müssen aber
an das früher Gesagte wieder anknüpfen. Die menschliche
Natur ist durch das Böse entnervt worden und zu schwach
zum Guten. Ihre Neigung zum Bösen ist auſserordentlich
groſs, um so langsamer kehrt sie zum Guten reuig zurück.
Es geht ihr wie dem menschlichen Körper: ein einziger Fehl-
tritt hat womöglich seinen Tod zur Folge, während unendlich viel Mittel und ärztliche Kunst dazu gehören, ihn zu
heilen. Das richtige Verhältnis der Elemente, aus denen er
besteht, muſs wieder hergestellt werden προσευχ. 740, oder
um ein anderes Bild zu gebrauchen: die Seele muſs empor-
gezogen werden zu Gott. Der gute Gott ist allein im stande,
dies zu vollbringen; er setzt schon das Verlangen, zum
Besseren sich zu wenden, ins Werk ib. 743, er ist's, der
die ihm doch gehörige Seele an sich zieht. Dabei muſs er
freilich die von irdischen, materiellen Leidenschaften um-
strickte, gepeinigte Seele mit Gewalt reinigen, ihr heftige
und unerträgliche Schmerzen verursachen ψυχ. κ. ἀναστ. 226.
227, um das Gute vom Bösen zu scheiden und ihr die Glückseligkeit zu geben. Das thut er nicht aus Haſs oder um
den bösen Wandel zu bestrafen, sondern: wie die, welche die
dem Golde beigemischte Schlacke im reinigenden Feuer aus-
scheiden, nicht bloſs die Unreinigkeit durch das Feuer schmelzen,
vielmehr mit dem Unreinen zugleich auch das Reine in Fluſs
gebracht wird, so geht es der sündigen Seele; oder wie
den Verschütteten, die ganz zerschunden und zerrissen
werden, indem der Schutt und die Nägel bei der von den sie
Hervorziehenden angewendeten Gewalt sie zerfleischen ib. 226.
Als der Geber und Herr des Guten vertilgt er alles, was dem
Guten fremd ist und widerstrebt. Diese Macht hat eben auch
der Mensch von ihm empfangen, indem er die Tugend übt
μακ. 828. An der Spitze aller Tugenden steht die Liebe ψυχ.

κ. ἄπασι. 225; sie ist schon allein im stande, den ganzen Haufen
aller Übel der Vernichtung zu überantworten (ἐξαφανίζεσθαι)
προςευχ. 742; in ihrem Gefolge finden sich — nach dem früher
gegebenen Begriff von Tugend als einer — alle anderen
Tugenden: Enthaltsamkeit, Demut, Bescheidenheit u. a. Oder
der Frieden bewirkt durch sein Kommen Vernichtung von
Haſs, Zorn, Erbitterung, Neid, Rachsucht, Heuchelei, kriege-
rischem Zusammenstoſs (τῆς εἰρήνης ἐπιφανείσης λύεται πάντα
τὰ ἐκ τοῦ ἐναντίου συνιστάμενα πάθη) μακ. 824. Und so stellt
der Herr jedem Verbotenen, wie mannigfach verschieden das
Böse auch sei in Werken oder in Gedanken μακ. 818, ein be-
sonderes Heilverfahren gegenüber ib., um nicht blofs die böse
Dornenfrucht zu vertilgen, sondern die bösen Wurzeln der
Sünde aus der Tiefe unseres Herzens auszugraben (τὰς πονηρὰς
τῶν ἁμαρτιῶν ῥίζας ἐκ τοῦ βάθους τῆς καρδίας ἡμῶν ἀνορύσσων)
μακ. 819. So heilt Gott die Seele und läſst sie genesen. Die
bis dahin gepeinigte Seele bekommt Frieden, Glückseligkeit,
und alle bösen Leidenschaften werden zerstört ib. 824 (λύεται).
Das Bild vom Arzt, der eine heilsame, aber auch sicher heilende
Kur mit der Seele vornimmt, gebraucht Gregor besonders gern.
Die Hühneraugen und Warzen des Bösen werden von ihm ausgeschnitten, geätzt, gebrannt, alle Auswüchse und Schwielen
der Materie ausgeschnitten und abgefeilt λόγ. κατ. 85. 61 (τέμνε-
σθαι κ. καίεσθαι, τῆς καύσεως ἀλγηδὼν παρέχει, τὸ κακὸν ἐξαίρεται
τῆς φύσεως — τομαὶ κ. καυτήρια κ. πικραὶ φαρμακοποσίαι πρὸς
τὴν ἀναίρεσιν τοῦ ἐνσκήψαντος τῷ σώματι πάθους. οἱ ἧλοι καὶ ὅσα
ταῖς ψυχαῖς ἡμῶν διὰ τῆς τῶν παθημάτων κοινωνίας ἀποσαρκω-
θείσαις ὑλώδη περιττώματα ἐπιπυροῦται, ἐν τῷ καιρῷ τῆς κρίσεως
τέμνεται καὶ ἀποξύεται). Freilich heilt der Arzt erst den
Kranken, wenn der inwendig sitzende, der Natur feindliche
Krankheitsstoff ganz herauskommt, damit seine Heilkunst auf
das so bloſsgelegte Übel Anwendung finde. So hat auch Gott
gewartet, bis die Bosheit ihren höchsten Grad erreicht hatte,
um die Heilung auf den ganzen Umfang des Gebreckens sich
erstrecken zu lassen λόγ. κατ. 89. Diese Heilung ist eine
stetige Kur, die in der früher beschriebenen Weise unter
Schmerzen für das sinnliche Empfinden stattfindet, seitens

Gottes, der die Seele läutern will, aber auch seitens des Menschen, soweit er durch Vernunft und tugendhafte Willensäufserungen das Gute erstrebt. Er ist ja frei und kann sich, je nachdem er Gutes oder Böses wählt, ewiges Leben oder Zorn und Pein wählen *μακ.* 805. Dies hängt damit zusammen, dafs Gott das menschliche Leben nach dem Sündenfall in zwei Hälften trennte, in die des Fleisches und das aufserkörperliche nach diesem und es uns freistellte, in welchem dieser beider Leben man das Gute oder das Böse haben wollte *ψυχ. κ. ἀναστ.* 218.

Wer nun der materiellen, sinnlichen Lust der verderbten Natur die Herrschaft über den Geist überliefs, wird beim Endgericht eine langandauernde, qualvolle Feuerkur der Läuterung durchmachen *λόγ. κατ.* 85. 101, denn je nach der Quantität der Materie wird die schmerzbringende Flamme brennen, solange nur Nahrung für sie vorhanden ist *ψυχ. κ. ἀναστ.* 227, so dafs also der, dessen Seele eine grofse Masse Materie begleitet hat, viel länger Nahrungsstoff für das Feuer darbietet als der, dem dieselbe in geringerem Mafse beigemischt war ib. Wer an das seine Seele nach dem Tode erwartende Feuer denkt, wird alle Mühsal, die ihm hier das Streben nach der Tugend macht, für nichts achten gegenüber jener Mühsal, die das Böse ihm einst bereitet *μακ.* 819. Durch Reue und Bufse entfernt er das Böse möglichst schon hier, aber erst im Tode wird es ganz vernichtet *λόγ. κατ.* 99. Denn wie es bei Feuchtigkeiten der Fall ist, dafs, wenn ihr Gefäfs zerbrochen ist, sie auseinanderlaufen und sich verlieren, weil nichts mehr da ist, was sie zusammenhält, so wird es mit unserem Körper und unserer Seele gehen, nachdem das der Natur beigemischte Böse durch unsere Auflösung beseitigt worden ist *λόγ. κατ.* 72. Leib und Geist werden eins werden, einfach, gestaltlos, nicht mehr zusammengesetzt, d. h. gut und nicht mehr gut und böse *μακ.* 829, die Scheidewand des Bösen wird aus unserer Umhegung hinweggenommen.

Was alle Heiligen erbitten: Heilung des kranken Menschen, Vertilgung des seiner Natur Feindlichen, wird erfüllt *προςευχ.* 719. Die Seele wird rein, einfach, vollkommen gottähnlich

und so in Stand gesetzt, das einfache, immateriale höchste Gut
zu finden und sich mit ihm liebend zu verbinden ψυχ. κ.
ἀναστ. 224. Mit der Leidenschaft ist jede andere Schlechtigkeit dahintengelassen ib. 252, vom Schlechten frei ist die
Seele ganz im Guten ib. 222, alles Gute zieht in sie ein ib. 260,
Unvergänglichkeit, Leben, Ehre, Gnade, Ruhm, Kraft: kurz
alles was Gottes Ebenbild charakterisieren muſs. Ihre ursprüngliche Schönheit wird wiederhergestellt bei der Auferstehung von demselben, der das Gefäſs gebildet und im Tode
es zerbrechen lieſs, um es frei vom Bösen neu zu formen λόγ.
κατ. 60. Da wird sich an dem Mangel an Ehre, Ruhm, Kraft
und all den das Ebendbild Gottes charakterisierenden Eigenschaften zeigen, wer hier im Bösen gelebt: solche trauern in qual-
voller Reue, aber die Tugendhaften sind fröhlich, sind ihre
Leiber doch mit Unverweslichkeit, Herrlichkeit und Macht
geschmückt ψυχ. κ. ἀναστ. 259. Mit dem Bösen sind natürlich
auch alle seine Folgen, die Übel jeder Art, vernichtet. Wie
der Reisende, wenn er Kälte und Hitze verläſst, auch gänzlich vom Frost und der Schwärze befreit ist, oder wie der-
jenige, der einen zerrissenen Rock λόγ. κατ. 60 ausgezogen
hat, auch nicht mehr die Verunzierung erblickt, so wird unsere
Natur, da sie zu der von jeder Leidenschaft freien Glückseligkeit zurückgekehrt ist, auch den Folgen des Bösen nicht mehr
unterworfen sein ψυχ. κ. ἀναστ. 252. Die vernunftbegabte Natur
ist nicht mehr durch die Scheidewand des Bösen von den
heiligsten Räumen der Seligkeit geschieden, sondern in dieselbe
hineingelangt. Unendliche Freude ist ihr Teil geworden ib. 245.

Überhaupt wird das Böse überall und völlig aus
der Welt vertilgt werden und das in dem Existierenden
Nichtexistierende überhaupt nicht mehr existieren. Nur im
Willen besteht ja das Böse; wenn aber Gottes Wille in allem
herrscht, so ist das wahrhaft Nichtseiende nicht mehr, denn
es bleibt ihm kein Ort zur Aufnahme mehr übrig ψυχ. κ.
ἀναστ. 227. Das ist der eigentliche Kern der Lehre von der
Ausrottung des Bösen: Gottes Wille wird alles in allem sein
und also die Schlechtigkeit in dem was ist nicht mehr sein.
Alles Unkraut wird aus dem Korn ausgerauft und vertilgt und

das Feuer verzehrt es ib. 259. Von der allgemeinen Harmonie,
die des Guten alleinige Herrschaft mit sich bringt, ist sogar
auch der Urheber des Bösen nicht ausgeschlossen. Auch er
wird gereinigt vom Bösen werden, denn wirkliche Heilung
von Krankheit besteht nur in der Austreibung des Krank-
heitsstoffes, wenn sie auch noch so schwierig sich bewerk-
stelligen lassen sollte λόγ. κατ. 85. Diese vollständige Heilung
muſs schon deshalb erfolgen, weil ja sonst die Harmonie im
Weltall nicht vollständig wäre und immer wieder gestört
werden könnte, ferner aber deshalb, weil das Böse sich nicht
wie das Gute unendlich weiter entwickeln kann, sondern,
wenn es die äuſserste Grenze erreicht hat, muſs es, da es durch
gewisse notwendige Grenzen eingeschlossen ist, notwendig dem
Guten sich wiederzuwenden, um endlich darin aufzugehen,
d. h. zu verschwinden. Alles in der Welt hat seinen natürlichen Verlauf bis zu einem ersten Höhepunkt, alsdann tritt der
Gegensatz ein: so wird aus der Nacht Tag, so auch dereinst
aus der Nacht des Todes der Tag des Heils. Alles Natür-
liche ist ja im Werden begriffen, so entwickelt sich alles,
auch die Vernunft des Menschen, zugleich aber mit dem
Körper, in der Richtung einer guten, vollkommenen Vollendung
immer weiter auch im künftigen Leben (z. B. die Kinder entwickeln, wenn sie früh gestorben, dann erst Wissenschaft und
Tugend). Ihr Endziel und überhaupt das der Schöpfung ist
die Erkenntnis unserer selbst und Gottes, welches ein Schauen
seiner Herrlichkeit ist, dabei aber ein beständiges Fortschreiten
im Gewinn der göttlichen Güter. Nachdem die Materie mit
dem im Tode erfolgten Zerbrechen ihres Gefäſses, des Körpers,
aufgehört hat, den Menschen zu beschweren, ist das Charakteristische der übersinnlichen Welt: das Erhabensein über das
Flieſsende der Materie, der betreffenden, mit einem neuen
Leibe bekleideten Seele eigen, und so ist sie ein reiner Spiegel
von Gottes Herrlichkeit. Diese Neuerstehung ist nicht nur
eine Zurückversetzung des ganzen Menschen in den seligen
Zustand vor dem Sündenfall, sondern der Leib wird zu viel
gröſserer Schönheit umgebildet. Der gute göttliche Wille
darf in keiner Hinsicht unvollendet bleiben. Was jedem ein-

zelnen vernünftigen Wesen zu teil wird, wird auch der Ge-
samtheit aller zu teil werden, wie schon oben angedeutet. Nur
dann kann die von Gott geschaffene Welt ihren Endzweck
erreichen, wenn alle Wesen ohne Ausnahme sich vor dem
guten Gott beugen, wenn kein Mißklang die allgemeine Harmonie mehr stört, wenn ein Friedensfest im Himmel und auf
Erden gefeiert werden kann. Dahin alle Welt zu bringen,
dient alles, was Gott auf Erden mit dem einzelnen und im
Kreislauf der Zeiten mit der ganzen Schöpfung vornimmt, sowohl seine erlösende als seine schließlich, wenn die Reinigung
von der Sünde nicht schon hier stattgefunden hat, noch nach
dem Tode durch das Feuer richtende und reinigende Thätigkeit. Da also alle, die Tugendhaften wie die Lasterhaften, zu
einem und demselben Ziele geführt werden, besteht der Unterschied der Guten und der Bösen von hier aus, von der schließ-
lichen Ausrottung des Bösen und der endgültigen Vergeltung
aus betrachtet, eigentlich nur darin, daß für die einen das
Endziel den Empfang des Lohnes, für die andern dasselbe den
Empfang der Strafe bedeutet, oder: daß die ersteren schneller
und ohne peinigende Zwischenzeit erreichen, was die letzteren
— schließlich auch erlangen: die ewige Glückseligkeit im An-
schauen des guten Gottes. Dies kollidiert nicht mit Gottes
Gerechtigkeit, denn es gibt ja nur ein e Tugend. Wer aber
Gott gesehen, ist durch das Sehen in den Besitz aller Güter
gekommen, welche man nur aufzählen mag, alles dessen was
gut ist μακ. 812. Daß aber gar das Böse das Gute über-
wältigen könne, ist undenkbar, so wenig wie die Thorheit
unserer Natur von größerer Gewalt ist als die Weisheit
Gottes, und so wenig wie das dem Wechsel immer Unter-
worfene über das sich stets Gleichbleibende siegen kann.
Weil vielmehr die Natur des Guten, verglichen mit der Aus-
dehnung des Bösen, unendliche Male diese überragt, wird das
Paradies wiederkehren und ein Leben im Licht uns beschieden sein κατασκ. ἀνθ. 100, und bei allen wird die Erkenntnis des wahrhaft Seienden und die Vollendung des Guten
gefeiert.

Zweiter Teil

Beurteilung der Lehre Gregors vom Guten und Bösen.

—

Suchen wir nunmehr zu bestimmen, wieweit Gregors Gedanken über das Gute und Böse ihm eigentümlich sind und welche Einflüsse sich bei dieser und jener Auffassung verraten.

Gregors Anschauung von der Schöpfung der Welt ist die Voraussetzung seiner Lehre vom Bösen und Guten in derselben. Er teilt die Welt ein in eine übersinnlicher Wesen (Engelwelt) und sinnlicher Dinge. Zwischen beiden steht der Mensch, dessen Seele dem Übersinnlichen, dessen Leib dem Sinnlichen angehört. Beide Welten sind ihrer Natur nach vollständig (ἀθρόως ἐποίησεν ὁ θεός) als Ganzes, auf ein Mal, und so entstanden, daſs das Bessere nicht später war als das Schlechtere. Die menschliche Seele war mit der übersinnlichen Welt zugleich geschaffen, ihre Zahl aber war beschränkt, eine bestimmte Anzahl Seelen hat Gott beim Anfang der Schöpfung geschaffen. Hierin Anhänger Platos und Origenes' widerspricht Gregor doch der Seelenwanderungstheorie Platos entschieden. Wie Origenes trennt er scharf Geist und Körper, Vernunft und Unvernunft und spricht alles Vernünftige so ausschlieſslich dem Menschen zu, daſs er eine

Durcheinandermischung völlig verschiedener Arten und Begriffe, zu denen jene platonische Theorie führt, perhorresziert. Schon seine Anschauung von der Seele schützt ihn davor; dieselbe kann schon deshalb nicht durch verschiedene Grade körperlicher Natur wandern, weil Tiere und Pflanzen unvernünftig sind, die vernünftige Richtung der Seele, das Affektlose, aber gerade das ist, was sie als Gottes Ebenbild charakterisiert. Ferner kann die platonische Theorie deshalb nicht statt haben, da sie das πάθος, den Grund aller Übel, schon in die übersinnliche Welt verlegt und damit also, daſs sie in dieser durch die Weisheit Gottes geschaffenen Welt schon Böses konstatiert, das dann mit den Seelen der gefallenen Engel durch verschiedene Welten wandert, zum Grunde des menschlichen Lebens das Böse macht. Origenes hatte sich von seiner früheren Theorie der Seelenwanderung hindurchgerungen zu jener richtigen Auffassung von der vernünftigen Seele als dem Ebenbilde Gottes. Gregor übernahm dies, fügt aber jenen andern Grund hinzu, der zu dem, was er über den νοῦς des Menschen und das ihm entgegenstehende πάθος sagt, doch die Voraussetzung bildet. Die übersinnliche Welt ist also ein ungetrübter Spiegel der Herrlichkeit Gottes und hat an der veränderlichen Materie keinen Teil. So scharf Gregor beide Welten zu trennen sucht und alle Veränderlichkeit, Beschränktheit der sinnlichen Welt zuweist, so zeigt doch seine Anschauung vom Menschen, daſs er die Kennzeichen der sinnlichen Welt nur in der geringeren Leichtigkeit, der geringeren Reinheit und der geringeren Feinheit sehen kann. Die Seele ist ursprünglich nur eins, die Vernunft, gewesen d. h. gottähnlich, also ohne Leidensmöglichkeit, nachdem sie sich aber vom Guten entfernt hat, sind die unvernünftigen Teile derselben zu Erregern leidenschaftlicher Regungen geworden. Wie Origenes wirkliche Vollkommenheit und daher Gleichheit der geschaffenen Geister gefordert hatte, so Gregor, aber auch darin stimmte er mit ihm überein, daſs die Vollkommenheit auch wieder durch eigene freie Willensentscheidung, durch den rechten Gebrauch des Vermögens zum Guten, erlangt werden soll. Hat Gott den Menschen vollkommen geschaffen und mit der Bestimmung, das Gute zu erlangen, so hat er ihn frei erschaffen müssen, vermögend das Gute zu wollen oder sein Gegenteil. Diese Freiheit seiner Vernunft zu wählen, seinen Weg zu bestimmen, hat er im Kampf mit der Leidenschaft zu gebrauchen, da mit dem übersinnlichen Teil seines Selbst der materieller Art seiende Leib verbunden ist. Dieser hat als solcher die Veränderlichkeit zu seiner Eigenschaft wie alle Materie und ist vernunftlos. Insofern steht der Mensch mit den Tieren auf einer Stufe, die, wie oben gesagt, auch vernunftlos sind. In Voraussehung des Abweichens seiner Seele vom Guten hat, meint Gregor, Gott der vernünftigen Seele den Leib beigesellt, das Vollkommene und Unvernünftige verbunden, damit die Vernunft frei fortschreitet im freien Bethätigen der Tugend und im Wollen des Guten, denn die Vollkommenheit der Tugend sollte der Preis des Kampfes sein — insofern hängt dies mit der Sünde zusammen —, und das Charakteristikum des Geschöpfes ist die Veränderlichkeit, insofern hängt diese Anschauung mit der des — Heraklit zusammen, worauf ich später zurückkommen will.

Nachdem die Schöpfung der ἀγγελικαὶ δυνάμεις also fertig war und der jedem höheren Wesen bestimmte Wirkungskreis fixiert war, wurde das Ebenbild Gottes, der Mensch, geschaffen, mit jedweder Würde bekleidet. Aber alles, was seit und durch die Schöpfung besteht, ist wandelbar, mit der Veränderlichkeit hängt auch die Wegwendung des Menschen zum Bösen zusammen. Da Gott nicht Urheber des Bösen sein kann, muſs der Wille des Menschen zuerst sich vom Guten, d. h. von der ausschließlich auf das Gute gerichteten Bewegung, entfernt und damit Neigung zum Bösen gewonnen haben, denn das Böse ist nur Negation des Guten. Was zunächst die Anschauung vom Bösen als der Negation des Guten anlangt, so teilt sie Gregor mit den älteren Kirchenlehrern, insbesondere auch mit Origenes. Ebenso erinnern seine Ausführungen über das Seiende und Vernünftige in diesem Zusammenhang an jenen. In Konsequenz seiner früheren Ablehnung der Seelenwanderungstheorie erkennen beide in der tiefsten Er-

niedrigung der freien Wesen noch die geistige und vernünftige
Natur. Gott ist das Sciende und Gute: wer von ihm abweicht,
der verliert wahrhaftes Sein immer mehr, und das Böse, das
Nichtseiende wächst immer mehr an ihm. Ἐναντίον τῷ ἀγαθῷ τὸ
πονηρόν, καὶ ἐναντίον τῷ ὄντι τὸ οὐκ ὄν, und de princip. II 9, 6
heifst es: libertas unumquemque voluntatis suae vel ad pro-
fectum per imitationem dei provocavit, vel ad defectum per
negligentiam traxit. So erblickt auch Gregor überall in der
Welt Gottes Sein, durch welches wirkliches beharrliches und
unvergängliches Sein überhaupt nur möglich ist. In allen
Dingen, selbst im Urheber des Bösen, dem Teufel, welcher aus
Neid die ersten Menschen verführte, ist Gottes Kraft wirk-
sam. Da also nur das Unvergängliche wahrhaft ist, kann
der Körper als vergänglicher dem Seienden nicht angehören,
denn alles Materielle ist in Wahrheit unkörperlich! ἄψυχον κ.
ἀνυπόστατον, daher nur eine Verwirrung der Idee des Übersinnlichen. In diesem Punkte ist Platos Einflufs auf unsern
Kirchenvater unverkennbar, ebenso die der Neuplatoniker.
Ist dort die Idee der alles beherrschende Gedanke, so hier das
Ethische überhaupt. Der einseitigen Betonung des Physischen,
welches die orientalischen Religionssysteme, besonders die
Emanationstheorien des Gnostizismus charakterisiert, tritt in
den griechischen Philosophen dieser Zeit das ethische Prinzip
entgegen, welches das Trinitätsdogma gegen die Emanations-
systeme sichern soll. Jene kämpften noch bis zuletzt (Ennomius
der Arianer) mit aristotelischen Waffen, demgegenüber war der
gewiesene Bundesgenosse Plato. Ist doch z. B. der Parmenides
des grofsen Philosophen für die Richtigkeit der gregorianischen
Trinitätskonstruktionen beinahe Voraussetzung. Kein Wunder,
wenn man im Eifer in der Handhabung solcher Waffen zu weit
ging, wenn, wie an dieser Stelle, platonische Einflüsse eine
klare Vorstellung von der Materie und dem Körperlichen überhaupt trübten. Gregor scheint dies selbst gefühlt zu haben,
denn in seiner Anschauung von der Auferstehung des Leibes
redet er nicht blofs von Wiederherstellung des ursprünglichen
Zustandes vor dem Fall, sondern er lehrt geradezu die Auferstehung eines Leibes von gröfserer Schönheit als der erste

war. Hatten sich bei Origenes in dieser Beziehung stoische Einflüsse geltend gemacht, insofern er von carnes et corpora ganz abstrahiert und ein intueri der rationabiles intelligibiles substantiae facie ad faciem de princip. II 11, 7 erhofft, so hatte doch auch er die Auferstehung des Leibes mittels der ihm einwohnenden Gotteskraft festgehalten, indem er ihn mit einem Samen verglich, der in die Erde gelegt und verwesend herrlich wieder ersteht: corpus emortuum et corruptum atque dispersum wird durch verbum dei der ratio, quae semper in substantia corporis salva est, aufgerichtet, restituiert und repariert. Dies alles übernimmt Gregor und macht so seine wirklich verworrene Vorstellungsweise von der Verbindung des Leibes mit der Seele in unsern Augen wieder gut, ja er betont auf das stärkste die Realität des Körperlichen. Überhaupt ist wohl zu beachten, daß im weiteren Verlauf seiner Lehre vom Bösen durchaus nicht die Materie ihm als Sitz des Bösen erscheint, sondern ihm immer wieder in der krankhaften Hinneigung des Willens zur ὕλη das Grundübel zu liegen scheint. Bleibt doch die Materie auch in der letzten Feuerprobe erhalten! Sie wird nicht vernichtet, sondern nur gereinigt, ausgebrannt.

Anderseits müssen wir aber doch ein Moment in jener Anschauung vom Verhältnis des Körpers zur Seele als richtig anerkennen. Der Zwiespalt der Seele, welcher dadurch entsteht, daß dieselbe sich vom Höheren angezogen und dann wieder vom Niederen angereizt fühlt, ist doch nur bei dieser Anschauung möglich, und dieselbe ist eine tiefere Erklärung als die bisher gebräuchliche vom Bösen als der einfachen Negation des Guten.

Nun fragt sich aber immer noch, welchen Zweck hat das Böse in der von Gott dem Guten geschaffenen und in allen ihren Teilen erfüllten Welt? Gregors Antwort lautet: die Vielheit des menschlichen Geschlechts zu vermehren. So wird — unter Einfluß platonischer und manichäischer Vorstellungen — einerseits das Wesen des menschlichen Leibes, insbesondere seine Entstehung verkannt und anderseits das Böse nicht nur als etwas von Gott zugelassenes, sondern als

von ihm gewolltes betrachtet. Das erstere geht nicht an, denn
darüber zu spekulieren, warum der Mensch in Bezug auf die
Fortpflanzung mit den Tieren gleichgestellt sei, ist resultatlos,
und das letztere ist so ausgedrückt auch falsch, wenn auch das
Ende des Bösen gerade nach Gregor in maiorem gloriam dei
gereicht, denn gegen Gottes Willen ist's entstanden, und seine
Entstehungsmöglichkeit im ersten Versucher ist ein nie lös-
bares Problem. Jedenfalls steht Gregor fest, dafs Gott allein
die Menschen aus dem Stande des Irrtums und der Krankheit zu dem der Vollkommenheit zurückführen k o n n t e, denn
dem wandelbaren und seiner Besinnung wie Beraubtem war
es gar nicht möglich sich zu retten, ferner aber noch ein zwei-
faches. Erstens: Gott w o l l t e von Anfang den Menschen vom
Bösen wieder erlösen und das ist eine spezifisch christliche Offenbarungswahrheit. — Zweitens: das Böse hat seiner Natur nach
seine bestimmte Grenze, so dafs, wenn sein Kreis durchlaufen
ist, der Mensch zum Guten zurückkehrt. Dieser Gedanke ist
besonders interessant. Das Gute ist fest, unveränderlich, un-
begrenzt. unaufhörlichen Fortgang gewährend, das Böse ist
von alledem das Gegenteil. Beides gilt auch vom Verlauf
beider, mithin mufs das Böse, wenn es seinen Kreis durchlaufen hat, als Begrenztes ins Gute umschlagen. Dieser Lauf
des Bösen in der Weltentwickelung ist erfüllt, wenn die Zahl
der Seelen, welche zur Geburt bestimmt waren, erfüllt ist,
d. h. das B ö s e v e r s c h w i n d e t e i n m a l. Indem also Gregor
den abenteuerlichen Gedanken früherer Denker von einer un-
zählbaren Zahl von Seelen verwirft, kommt er in die Lage,
die o r i g e n i s t i s c h e Lehre von der ἀποκατάστασις πάντων zu
erneuern. Wie für Origenes, cf. de princip. II 4, 4 u. o., ist
es für ihn undenkbar, dafs Gottes Wille, alles Böse auszutilgen,
damit alles in ihm dem Guten sei, nicht erfüllt werde. Dann
würde ja das Veränderliche, nicht Seiende, gleichgesetzt dem
Unveränderlichen, das Böse dem Guten. Ferner hiefse es in
Platos Fehler verfallen und Vernünftiges und Unvernünftiges
durcheinanderwerfen, wollte man die Rückkehr zum Guten
dem freien, vernünftigen Wesen absprechen, sei es auch noch
so tief gefallen. Ja, auch der am tiefsten gefallene Geist, der

Teufel, kann nicht ohne alles Gute, ohne alle Vernunft sein.
Endlich vergißt, wer dies leugnet, die Harmonie, das unzertrennliche Ganze, welches so sehr die einzelnen Geschöpfe um-
faßt, daß des Geringsten Leiden alle mittrifft. Was das erste
anlangt, so faßt Gregor wie Origenes als Ziel jedes einzelnen
wie das der Weltentwickelung die willentliche Anerkennung
des wahrhaft Seienden und Guten, man vergl. contr. Cels.
VIII 72, de princip. III 6, 3 u. o. mit ψυχ. κ. ἀναστ.: ἑορτή
ἐστιν ἡ τοῦ ὄντως ὄντος ὁμολογία τε καὶ ἐπίγνωσις, und zu dem
über die schließliche Bekehrung auch des Teufels Gesagten
Orig. in Joh. XX 20. 22 mit Gregor λόγ. κατ. 26. Es ist bei
der ausschließlichen Betonung des Willens bei der Entstehung
und Austilgung des Bösen klar: εἰ ἐν πᾶσι τοῖς οὖσιν ὁ θεός ἐσται,
ἡ κακία δηλαδὴ ἐν τοῖς οὖσιν οὐκ ἔσται. Ebenso lehrt Gregor
von Nazianz Or. XXX, 6. Diese Ansicht wird vervollständigt,
wenn man so sagen darf, durch die christliche Überzeugung,
daß der h. Geist alle Dinge vollenden werde. Während
Origenes über diesen Punkt nichts Bestimmtes sagt, kamen
Gregor die Errungenschaft der Kämpfe zu Gute, welche sich
um die Frage der Gottheit des h. Geistes entspannen, ganz
folgerichtig im Anschluß an jene arianischen Streitigkeiten,
jenen letzten Versuch, Emanationsvorstellungen durch griechische
Philosophie plausibler zu machen. Denn was ist der Logos
Arius anders als ein emanierendes Mittelwesen? Jene Kämpfe
der Pneumatomachen hatten der Kirche die göttliche und all-
mächtige Gewalt des h. Geistes feststellen helfen, daher redet
Gregor ganz bestimmt vom h. Geist als dem Vollender alles
Guten und nicht mehr bloß von einem Sichfügen unter die
Allmacht des Logos wie Orig. contr. Cels. VIII 72. Auch der
Begriff des Guten als Eines spielt hier eine Rolle, welches un-
veränderlich ist, also muß schließlich eine Einheit bestehen. —
Was den zweiten Punkt anlangt, so haben wir schon pag. 45 ff.
das Nötige dazu gesagt.

Was das Dritte anlangt, so ist Leidensmöglichkeit in der
Vollendung der Welt, d. h. fortdauernde Bestrafung der Geschöpfe und damit eine fortdauernde Dissonanz in der Welt-
harmonie unvereinbar mit richtigen Vorstellungen von Gott

und vom Zweck jeder Strafe. Schon Origenes betonte: Zorn
und Affekt Gottes seien rein bildliche Ausdrücke de princip.
II 4, 4, er könne nicht seine Geschöpfe hassen, er strafe sie
nur, um sie zu reinigen und zu bessern: contr. Cels. IV 10,
Gottes erzieherische Weisheit sorge schon dafür, dafs die
Besserung eintrete. Jede Sünde führe in der sie begleitenden
Leidenschaft schon die Strafe mit sich, denn dieselbe zerreifse
die Seele und knechte sie. Wie Origenes fafst Gregor Bestrafung des Bösen als nur im uneigentlichen Sinne denkbar,
ebenso wie die Belohnung des Guten. Überhaupt wird die dis-
cretio mali et boni aufhören, wenn nusquam malum sein wird
de princip. III 6, 3. Das Göttliche dringt vielmehr immer
mehr in uns und in die Welt ein, und die vollkommene Fortentwickelung dieses Werdens, aber ohne böse Einmischung,
schliefst sich in jener Welt an die hier begonnene an. Dem
Zweck, uns zum Guten zurückzuführen, mufs alles dienen: Erlösung und Gericht, so zwar, dafs die Materie, das Körperliche vom Bösen gereinigt wird, damit es ewig fortbestehen
kann. Also welch hohe, richtige Auffassung vom Wert der
Materie hat Gregor! Dies ist um so stärker zu betonen, als
wir oben neuplatonische Theorien ihn beeinflussen sahen. Dies
letztere ist auch noch in einem Punkte der Fall. Gregor sagt:
sinnliche Lust brachte den Menschen zum Fall, mithin erhält
alles, was seinen Willen zur Lust verleitet, ihn in diesem ihn
entwürdigenden Stand. Je mehr es also gelingt, alles was Lust,
πάϑος, erregt, zu meiden, die Welt und die weltlichen Begierden zu fliehen und das Gute und immer Bleibende vor
Augen zu halten, desto freier wird das Auge, die Gesetze der
jenseitigen Welt zu schauen. Ist das nicht neuplatonische
Askese, dieselbe verflüchtigende Vorstellung vom Natürlichen,
Physischen, dieselbe einseitige Betonung des Geistigen, Ethischen!
Aber da er niemals das Böse mit dem Natürlichen gleichsetzt,
sondern es nur durch den menschlichen Willen entstehen und
ebenso rasch vergehen läfst, fafst er den Gegensatz zwischen
Geist und Körper so, dafs er die Möglichkeit gewinnt, die
Harmonie zwischen beiden zu konstatieren, ohne das eine von
beiden preisgeben zu müssen. Ein wirklich neuer, verklärter,

geistiger Leib wird erstehen, aber eben vollkommen wie vor dem Sündenfall, d. h. ohne Mangel, d. h. ohne Sünde, befähigt, an allem Guten und Schönen uneingeschränkt teilzunehmen. Dabei ist wohl festzuhalten, dafs wir dieselben bleiben wie zuvor: geist-leibliche Wesen.

Ist so die ἀποκατάστασις πάντων und jedes einzelnen das letzte Ziel, so ist der Zusammenhang mit der Fegefeuertheorie Gregors klar. Mochten spätere wie Germanus, der Patriarch von Konstantinopel, sich die erdenklichste Mühe geben, diese Säule der Orthodoxie von origenistischer Ketzerei zu reinigen: um so inkonsequenter verfuhren sie, wenn sie trotzdem seine Fegefeuertheorie dankbar acceptierten — im Interesse der Theorie vom Mefsopfer. Gerechter urteilt Dallaeus, dafs Gregor wenigstens Origenes' Lehre von der ἀποκατάστασις übernommen habe. Wir glauben, beides, diese Lehre und sein übriger Origenismus hängt eng zusammen. Diese seine ganze Weltanschauung aber ist diktiert von einer grofsartigen Gesamtauffassung und von dem Bestreben, Gottes weise Pädagogie zu verstehen. Gerade um das Böse gänzlich ausrotten zu können, hat Gott dasselbe so lange Zeit wachsen lassen, bis er die Erlösung durch Christum ermöglichte, wie ein geschickter Arzt erst den Krankheitsstoff ganz aus dem Innern heraus auf die Oberfläche kommen läfst, um ihn dann gründlich zu heilen. Dieser Gährungsprozefs durfte nicht ohne Gefahr gestört werden, damit um so sicherer alles Böse vertilgt wird, wenn es allmählich geht und nicht gleich das Böse stirbt, wie ja auch der Schweif der Schlange, noch lange nachdem ihr Kopf zertreten ist, zuckt. Wir haben Grund, Gregors klare christliche Erkenntnis von dem was Christus gethan, als er die Sünde bezwang, zu bewundern. Anderseits zeigt sein Bemühen, Gottes Weisheit, wie sie jedem Menschen die Möglichkeit verschafft, ohne Verletzung seiner Freiheit seine Bestimmung zu erreichen, recht zu illustrieren, einen wie tiefen Blick er in das Wesen Gottes, welches Liebe ist, gethan, und dafs dieselbe nicht herrlicher charakterisiert werden kann als durch die Attribute: Allweisheit und Allbarmherzigkeit.

Sehr eng verwandt mit platonisch - aristotelischen Anschauungen erscheint das, was er über das höchste Gut sagt,
insbesondere seine Betonung des Verstandes. Überhaupt
ist es altgriechische Anschauung, die sich schon bei Homer
findet und bei den Dichtern wiederkehrt, dafs die Menschen
aus Unverstand freveln, dafs verständig und gut sein zusammen-
gehöre und das Denken die Quelle der Glückseligkeit des
Menschen und der einzige Grund der Seligkeit Gottes sei.
Der schlimmste Feind der φρόνησις ist die Begierde. Dieselbe
läfst den Menschen Böses für gut ansehen, und der Verstand
ist es, der, wenn ihn die Begierde dominiert, die Dinge dem
Menschen so vormalt, wie sie, seine Begierde, es haben will.
Von dieser ἄτη verblendet, weifs der Mensch Gutes und Böses
nicht mehr zu unterscheiden und thut Böses. Ist also die Anschauung von dem betrügerischen Charakter des Bösen Gregor
nicht eigentümlich, so ist das, wie schon gesagt, zum Teil
ebenso der Fall bei seiner Ansicht von der Materie.

Wie alle älteren Philosophen hütet er sich, mit Plotin dieselbe als das Böse zu bezeichnen, aber ganz neuplatonisch
muten uns seine Ansichten von der durch die Verbindung mit
der Materie herrührenden Befleckung der Seele an, desgleichen
seine Definition vom Bösen als ἀπουσία ἀγαθοῦ, στέρησις, seine
Vorstellung von der Ruhelosigkeit der bösen Materie und die
sich aus obigem ergebende Folgerung: das Körperliche erscheint als abgeleitetes Böse. Deshalb ist ja die schon be-
sprochene asketische Neigung: Flucht der Seele vor allem,
was sie zur Selbsthingabe an das Böse verleiten könnte, ge-
boten.

Wieweit seine Betonung des unausgesetzten Werdens aus
diesem Zusammenhange oder aus heraklitischen Vorstellungen
zu erklären ist, mag dahingestellt bleiben. Keineswegs ist
seine Fegefeuertheorie damit in Zusammenhang zu bringen.
Die durch das Feuer bedingte fortwährende Neubildung einer
Welt ist bei Gregor total verschieden von der durch das Feuer
schliefslich endgültig vollzogenen Läuterung der Seele. Dagegen scheinen sich in seiner — sagen wir äufserst opti-
mistischen Weltanschauung von den letzten Zwecken des

Bösen — heraklitische und stoische Züge nachweisen.zu lassen.
Die ersteren besonders darin, dafs Heraklit wie Gregor das
Gegeneinanderstreben der Dinge und ihrer Zustände zu end-
licher Harmonie führen lassen, ferner darin, dafs sie das
Böse im grofsen Weltganzen zum Guten mitwirken lassen;
die letzteren fanden wir schon, von Origenes umgebildet, bei
der Lehre von der Auferstehung des Leibes (Bildung der sinnlichen Materie durch die in den Samen wirkenden Begriffe
λόγοι), überhaupt aber ist seine Naturbetrachtung, sein Vorsehungsglaube. seine Theodicee stoisch — wir sagen nicht neuplatonisch. denn in diesem Punkte nimmt Plotin einfach her-
über, was die Stoa ihm darbot. Die Heraklit und der Stoa
eigene Identifizierung Gottes mit der Weltordnung. die Ver-
kennung seiner geistigen. freien Persönlichkeit, wie sie die
Anschauung vom λόγος σπερματικός ausspricht, findet sich auch
nicht an einer Stelle bei unserm Kirchenvater. Seine Weltbetrachtung hat von dem λόγος διὰ πάντων ἐρχόμενος nichts,
nichts von der stoischen Ansicht von dem mit Notwendigkeit
so und nicht anders gestalteten Weltganzen, dagegen die Anschauung Zenos von der Welt als dem denkbar vollkommensten
Kunstwerk ganz in sich aufgenommen. Daher sind die physischen
Übel in der Natur der Verhältnisse begründet und die mora-
lischen mit der Tugend selbst als ihrem Gegenteil gegeben.
Gottes unendliche Gröfse und Weisheit weifs das Gute und
Böse, das Schöne und das Häfsliche harmonisch zu ordnen, bis
dereinst das Übel und das Böse mit der Welt verschwunden
ist und alles reine Vernünftigkeit geworden ist. So bei den
Stoikern und bei Gregor. Dagegen weifs der letztere nichts
von der heraklitisch-stoischen immerwährenden Neubildung
der Welten. nichts auch von der Verzehrung der Materie,
dieselbe wird nach ihm von allem Bösen gereinigt, um dem
neuen Leibe dienstbar zu sein.

Die bedeutsame Weiterbildung der Tugendlehre seitens
der Stoa, wonach die Tugend das einzige Gut ist, welches
den Menschen glücklich macht — ein Gedanke, der sich bis
dahin nur bei den Cynikern findet, und nur Schlechtigkeit ein
Übel ist, ist unserm Kirchenvater eine geläufige Vorstellung.

Vertieft aber hat er diese Anschauung durch seine spezifisch christliche Bezugnahme auf den ersten Sündenfall als der Quelle alles Bösen, durch seine tiefernsten Anschauungen von dem verderbten Willen des Menschen, der das Gute von Haus aus will (stoisch), aber nicht thun kann. Die paulinische Erkenntnis davon, dafs der Mensch von sich selbst nicht das Gute will, fehlt ihm, vielleicht unter Einflufs stoischer Vorstellungen: dafs ἡ φύσις πρὸς ἀρετὴν ἡμᾶς ἄγει, dafs der Mensch von Natur auf das Rechte und Gute hingewiesen sei, wie er ja überhaupt in der Tugendlehre (seine Anschauung von den Tugenden als einer) vielfach stoisch lehrt. Seine Ansicht von der Tugend als der Mitte der Gegensätze dagegen ist aristotelisch.

Lassen sich somit vielfach Einflüsse alter und neuer Philosophie in Gregors Lehre vom Guten und Bösen nachweisen, so bleibt des ihm Eigentümlichen doch noch genug. Originell ist seine Weiterbildung oder Umbildung philosophischer Ideen, wie wir es schon öfters sahen, insbesondere da, wo er platonische, origenistische, neuplatonische, heraklitische und stoische Anschauungen zu teilen scheint, um ihre letzten Konsequenzen schliefslich nicht zu ziehen, sondern ihnen eine überraschende und sehr befriedigende Richtung zu geben. Wir sehen, wie er die platonische Seelenwanderungstheorie vermeidet, wie er die neuplatonische Gleichsetzung der Materie mit dem Bösen verwirft, wie er den heraklitisch-stoischen Weltbildungsglauben perhorresziert, wie er die origenistisch-stoische Lehre vom λόγος σπερματικός umwandelt. Und doch braucht er Gedanken aus all diesen Systemen, um für seine Anschauung vom Guten und Bösen die richtigen Voraussetzungen zu gewinnen: für seine Ansicht vom Verhältnis des Geistes zum Körper, für seine Ansicht von den letzten Zwecken des Bösen und seiner Überwindung in diesem Leben und dereinst, für seine Tugendlehre, für seine Auferstehungshoffnung, welche das ganze Gebäude krönt. Und das müssen wir zuletzt noch hervorheben: seine ihn und seine Denkweise besonders auszeichnenden Gedanken über das Gute und das Böse und die endliche Überwindung des Bösen sind der reichen und tiefen Erkenntnis entsprungen, mit der er die spezifisch christlichen Offenbarungsgedanken der h. Schrift erfaßt hat. Ein solcher Ernst, wie ihn seine Ansicht von der Sünde zeigt, trotz der oben gesagten Mängel, eine solch gläubige Auferstehungsgewißheit und gewisse Hoffnung, daß Gott einst alles herrlich hinausführen werde, konnte nur einem christlichen Philosophen beschieden sein.

Anhang.

Quellenbezüge zwischen Gregor von Nyssa, Lehre vom Guten und Bösen, und anderen älteren Philosophen.

1. Zu Plato und Aristoteles.

Die Tugend gewährt allein Glückseligkeit	Eth. Nic. I 1—6. X 6. 7.
Die ethische Tugend besteht in der Unterwerfung der niederen Seelenkräfte unter die Vernunft, bei G. νοῦς, bei A. φρόνησις	„ „ II 5. 2.
Die ethische Tugend liegt in der Mitte der Gegensätze	„ „ II 5. 7. 2.
Die Fegefeuertheorie Gregors und der Katholiker erinnert doch wenigstens an Phaedon	Phaed. cap. 57—67.
Erschaffung einer bestimmten Seelenzahl	Tim. p. 39 ff., aber von c. 4 an von Gregor verworfen.
Verhältnis von Seele und Leib bei der Schöpfung	Tim. 69.
Vernunft und Wille zum Guten geneigt	„ 70.
Die Seele ist einfach, nicht zusammengesetzt, also nicht im Tode auflösbar	Phaed. 78 b—80 c.
Die Lust der schlimmste Feind der Tugend	Phileb. p. 63.
Die Tugend macht glückselig, die Schlechtigkeit unglücklich	Rep. IX 580 ff. I 354 a.
Das Verhältnis von φρόνησις und ἀρετή	Phileb. p. 64—67 u. o.
Die Tugend ist schön, das Schlechte häfslich	Protagor. u. Gorgias 507 f. Rep. I 351 f.
Die Materie ist ἄψυχον, roh u. s. w.	Rep. X 597 a. Tim. 50 a, bes. e „ἀσώματον" Sophistes p. 246 f.
Das Böse ist dem Guten entgegengesetzt	Theaet. 176 a.
Der Wille ist frei, die Tugend herrenlos	Porphyr. Ennead. II 3, 9. 15. 142 B 145 G IV 4, 39. Anf. III 1.

2. Zu Heraklit und der Stoa.

Alle Dinge bewegen sich und bleiben nicht	Theact. p. 160. 152.
Das Gegeneinanderstreben bedingt die Harmonie schliefslich	Arist. Eth. Eud. VII 1. Arist. Eth. Nic. VIII 2. Stob. Serm. III 83. 84.
Jedes Einzelwesen hat seine Stellung im Gesamtorganismus	H. Fr. 18. Stob. Ecl. I 60.
λόγος σπερματικός	Diog. L. VII 136.
Alles in der Welt ist ein harmonisches Ganze und vollkommen, trotz des Bösen, welches als Gegensatz der Tugend zum Guten dient	„ „ VII 88, 149. Cic. N. D. II 5—22. Gell. VII 1. Pl. rep. St. 35.
Nach der ἐξανάλωσις der ὕλη — was Gregor ablehnt — wird alles rein vernünftig sein	Pl. repugn. St. 41.
ἀποκατάστασις (mit diesem Wort genannt)	Lact. Inst. VII 23.
Der Mensch will von Natur die Tugend	Diog. L. VII 87—89. 127.
Die Tugend das einzige Gut, sie macht glücklich	„ „ VII 101. 127. Senec. ep. 87. Senec. de vit. beat. c. 15.
Die Schlechtigkeit das einzige Übel	Cis. Tusc. II 12. 28.
Die Tugend ist eine	Stob. Eclog. II 110. 198.

3. Zu Neuplatonikern.

Die Materie ist nichts Wirkliches, nur eine Abschattung des Geistigen, mangelhaft, täuschender Schein des Seins, die Privation	Porphyr. Ennead. III 6, 7. 18. VI 3. 7. Porphyr. Ennead. III 6. 15 318 D. II 4, 14. c. 16 Anf. c. 11. 13 it. „σκιὰ λόγου κ. ἔκπτωσις", „στέρησις", „ποιότης μηδεμιᾶς ποιότητος μετέχειν.
Das Böse rührt von der die Seele befleckenden Verbindung mit der Materie her, die Plotin als an sich böse denkt (so weder Gregor noch sonst ein Philosoph bis dahin)	Andeutungen zu dieser Auffassung bei Plato und (weniger) Aristoles, s. Zeller. Gesch. d. gr. Philos. II, 622. 645, 1. 3. 736 f. b. 338. 1.
Sofern sich die Seele dem Bösen hingibt, wird sie böse	Ennead. II 4. 16. 169 F.
Das Böse ist ἀπουσία ἀγαθοῦ, στέρησις	„ I. 8, 3 f. 10—13.

Die Vorstellung von der Grenze, auf der das Gute ins Böse, das Geistige ins Materielle umschlägt, wenn auch in anderem Zusammenhang	Ennead. I 8. 7. 77 E.
Das Böse muß zur Verwendung dem Guten dienen	„. III 3, 7.
Die Anschauung von der Harmonie im Weltganzen wie die Stoa	πρὸς τοὺς γνωστικούς II, 9.
Die Notwendigkeit des Wechsels und des Gegensatzes in der Welt	Ennead. III 2, 4. 16—18 u. o.
Das Böse straft sich am Thäter selbst, wird bestraft, muß zum Besten dienen, da es den Wert der Tugend zeigt	III 2, 4 f. III 2, 13. IV, 4, 39. 45. IV 8, 7.
Das Materielle ist ἀσώματον	II 4, 8 f. III 6, 7 Anf.
Starke Betonung des freien Willens	III 1, 4. 231 C.
Der Thäter ist immer für das Böse verantwortlich	III 2, 10.
Die Schlechtigkeit der Seele besteht in der Abhängigkeit vom Körper, die Tugend in der Befreiung von demselben	I 2, 3. 13 D.
Nicht völlige Tilgung der Sinnlichkeit, sondern ihre Unterwerfung unter die Vernunft verlangt (Porphyrius geht hier weit über Plotin hinaus)	I 2, 5.
Der Mensch stellt seine ursprüngliche Schönheit wieder her, wenn er seine Seele von den unreinen Elementen reinigt	I 6, 9.
Völlige Lossagung vom Sinnlichen, vom Affekt etc. verlangt	Porphyr. de abstin. I 31. II 46. de regressu animae: omne corpus esse fugiendum, cf. August. de civit. dei X 29. Sentent. 34 u. o.
Dieselbe Weltbetrachtung, also auch des Guten und Bösen in derselben, wie bei Plotin bei den Späteren. Doch betont Proklus besonders die Willensfreiheit und die Übel als selbstverschuldete	Tim. 335 B (τῶν κακῶν ἑαυτῷ τὸ θνητὸν ζῷον αἴτιον).
Die Materie denkt Proklus als weder gut noch böse, nur die Hinneigung der Seele zum Körperlichen bewirkt Böses	De malo 226 ff. 264 ff. 273 ff.